中国（海南）南海博物馆
CHINA (HAINAN) MUSEUM OF THE SOUTH CHINA SEA

HUNAN MUSEUM
湖南博物院

诗画彩瓷

唐代海上丝绸之路上的长沙窑瓷器

中国（海南）南海博物馆
湖南博物院
编著

科学出版社
北京

图书在版编目（CIP）数据

诗画彩瓷：唐代海上丝绸之路上的长沙窑瓷器 / 中国（海南）南海博物馆，湖南博物院编著. — 北京：科学出版社，2023.11

ISBN 978-7-03-076870-4

Ⅰ. ①诗… Ⅱ. ①中… ②湖… Ⅲ. ①瓷器（考古）- 介绍 - 长沙 - 唐代 Ⅳ. ①K876.34

中国国家版本馆CIP数据核字（2023）第212859号

责任编辑：张亚娜　周　赒　闫广宇

责任校对：张亚丹

责任印制：肖　兴

书籍设计：北京美光设计制版有限公司

诗画彩瓷——唐代海上丝绸之路上的长沙窑瓷器

中国（海南）南海博物馆　湖南博物院　编著

科学出版社 出版

北京东黄城根北街16号

邮政编码：100717

http://www.sciencep.com

河北鑫玉鸿程印刷有限公司 印刷

科学出版社发行　各地新华书店经销

*

2023 年 11 月第　一　版　开本：889 × 1194　1/16

2023 年 11 月第一次印刷　印张：16 3/4

字数：482 000

定价：298.00 元

（如有印装质量问题，我社负责调换）

《诗画彩瓷——唐代海上丝绸之路上的长沙窑瓷器》

编委会

主　编	辛礼学
副主编	朱　磊
执行主编	吴伟义
编　辑	李东风　吴伟义　方昭远　张艳华　郭三娟　赖晓兰

展览组织与实施

总 策 划	辛礼学　段晓明
总 统 筹	朱　磊　郭学仁
总 协 调	李东风　方昭远
策 展 人	吴伟义　方昭远
内容策划	方昭远　李东风　吴伟义　张艳华　郭三娟　赖晓兰
形式设计	吴伟义　刘锌烨
文物点交	李东风　林佩珊　吴伟义　苟新文汝　李　剑　赵珏琪 陈子晗　王　哲　张艳华　郭三娟　周志宏
文物布展	李其仁　郑睿瑜　符晓遥　吴伟义　林佩珊　李　剑 王　哲　文　洋　张艳华　郭三娟　周志宏　李安根
社教与志愿服务	陈小冰　孙梦圆　柴　源
文创产品开发	胡诗曦　郭冬月
展览宣传	李冯添　符丹妮
文物安全保障	刘园园　卢秋云　黎兴裕　黎　新　杨　磊

致辞

今年是“一带一路”倡议提出十周年。十年来，共建“一带一路”从中国倡议走向国际实践，在坚持共商、共建、共享的原则上，为促进共建国家和地区的文化交往，区域内的互联互通和合作发展提供了中国方案。千年前，古代海上丝绸之路就历经开拓与发展，增进了中国与东南亚、南亚、西亚、非洲等地的频繁贸易往来和友好交流。这不仅是一条世界经济共同繁荣之路，更是一条各国文明交融互鉴之路。

中国（海南）南海博物馆紧扣共建“一带一路”倡议，精准定位，重点做好文物研究与展览、国际交流合作、水下文物保护等方面工作，争取打造成为“21世纪海上丝绸之路”文化交流的重要平台。自2018年开馆以来，以“海上丝绸之路”为主题，举办多个专题展览。展览关注点由海上丝绸之路人文历史的讲述逐渐转变向海上丝绸之路器物、人物聚焦，着力将海上丝绸之路的不同侧面呈现给观众。

此次与湖南博物院共同举办的“诗画彩瓷——唐代海上丝绸之路上的长沙窑瓷器展”是我馆继“龙行万里——海上丝绸之路上的龙泉青瓷展”“绿色黄金——海上丝绸之路上的茶叶贸易”“海药本草——唐宋时期海上丝绸之路上的香药”后的又一个“海上丝绸之路”专题展览。该展览精选两馆文物藏品178件（套），向观众展示了长沙窑瓷器的发展历程和历史意义，也是长沙窑瓷器在海南的首次集中展示。此次与湖南博物院的合作不仅加深了琼湘两地文化交流，使馆际合作关系更上一个台阶，更是“讲好中国故事，让文物活起来”的重要实践。该展览也成功入选2023年度“弘扬中华优秀传统文化、培育社会主义核心价值观”主题展览推介项目名单。

本次展览分为“焰红湘浦口”“笔精妙入神”“大舟有深利”三个单元，从长沙窑瓷器的生产制作、装饰、流通与销售等角度，构建丰富而又立体的展示方式，通过长沙窑瓷器的艺术特色和外销贸易展现了唐代海上丝绸之路的繁盛以及中国开放包容、兼容并蓄的优秀传统。

长沙窑在唐代时期借助海上丝绸之路的推力远销海外，是唐代海上丝绸之路的重要参与者和见证者，更是海上丝绸之路中的重要文化元素。它背后饱含的历史价值、艺术价值和中国古人的智慧、勤劳、敬业、友善等价值观取向，将使我们在共建“一带一路”更高质量、更高水平的新发展之路上继往开来、勇毅前行，让绵亘千年的古丝绸之路在新时代焕发新活力。

中国（海南）南海博物馆馆长

致辞

五月的海南，是瓜果飘香的好时节。中国（海南）南海博物馆与湖南博物院联合主办了“诗画彩瓷——唐代海上丝绸之路上的长沙窑瓷器展”。该展览精选了两馆收藏的170多件（套）长沙窑瓷器，全面展示了长沙窑的产品种类、造型特色、装饰风格和工艺技法等，揭示了长沙窑在中国陶瓷史上的重要地位、在唐代人民生活中发挥的重要作用和在唐代海上丝绸之路上扮演的重要角色。

此次展览有以下几个特点。

一是参展文物精品多。此次展览湖南博物院有约170件长沙窑瓷器参展，其中一级文物9件，二级文物42件，三级文物75件，珍贵文物约占到四分之三，有些文物是首次展出，有长沙窑最具特色的三彩瓷、绘画瓷和诗文瓷，有反映唐代生活的茶酒具、香具、灯具、玩具，有反映唐代异域文化的模印贴花、联珠纹、褐斑彩绘瓷等，得以让观众充分领略来自大唐的传奇色彩和魅力。

二是展览主题鲜明，结构清晰。“诗画彩瓷”点出了长沙窑最鲜明的装饰特色，展览由“黑石号传奇”引入，分“焰红湘浦口”“笔精妙入神”“大舟有深利”三个单元展示，从谜题到解谜，从产地到外销，引人入胜，通俗易懂，雅俗共赏。

三是展览内涵丰富，解读深刻。展览不仅展示了精美的文物，也解读了文物背后的文化内涵，反映了海上丝绸之路沿线国家和地区的宗教信仰、风土人情，让人感受到大唐盛世开放包容、多元一体的精神特质。

众所周知，长沙窑是唐代著名的民间商业性瓷窑，以生产丰富多样的彩瓷而闻名于世，它建构了中晚唐时期“南青北白长沙彩”的瓷器装饰格局，对后世彩瓷的发展产生了深远影响。长沙窑瓷器物美价廉，深受唐代老百姓喜爱，品种多样，产品囊括了唐代社会生活的方方面面，是反映唐人生活画卷的百科全书。长沙窑瓷器沿着海上丝绸之路，远销东亚、东南亚、南亚、西亚、北非、东非20多个国家和地区，是唐代畅销海外的明星产品，推动形成了中国瓷器外销的第一个高峰。

习近平总书记在2017年“一带一路”国际合作高峰论坛开幕式上的演讲中提到：“我们的先辈扬帆远航，穿越惊涛骇浪，闯荡出连接东西方的海上丝绸之路。……在印度尼西亚发现的千年沉船‘黑石号’等，见证了这段历史。”1998年在印度尼西亚勿里洞岛海域发现的“黑石号”沉船，出水67000余件文物，其中有约57000件是长沙窑瓷器，让世人重新认识了长沙窑的外销规模。“黑石号”沉船上的长沙窑瓷器大部分是根据使用者的需求定制生产的，这也是长沙窑深处内陆却能畅销海外的原因之一。长沙窑体现了先辈们开放包容、擅于学习、勇于创新的精神，在今天仍具有重要的现实意义。

中国（海南）南海博物馆与湖南博物院素有友好合作、密切交流的历史。此次联合主办“诗画彩瓷——唐代海上丝绸之路上的长沙窑瓷器展”，开启了两馆合作共赢的新篇章。中国（海南）南海博物馆自开馆以来，事业发展成绩显著，受到业内一致好评，在研究、展示、传播海洋文明和“一带一路”文化，传承丝路精神等方面发挥了重要作用。

衷心感谢两馆展览团队的辛勤付出！衷心祝愿中国（海南）南海博物馆事业发展蒸蒸日上，越来越好！

湖南博物院院长 段晓明

目录

前言

自20世纪50年代中期起，文物工作者在湖南省长沙市西北郊湘江东岸铜官镇瓦渣坪一带发现、发掘了多处唐代烧窑遗存，被称为“瓦渣坪窑”“石渚窑”“望城窑”“潭州窑”“铜官窑”“长沙窑”“长沙铜官窑”等，现习惯上称“长沙窑”。

长沙窑是唐代南方地区重要的、规模甚大的民窑之一，兴起于中唐，盛于晚唐，衰于五代。长沙窑融合了南北陶瓷烧造技术，发展成为有别于“南青北白”的彩瓷系统，将中国绘画、书法等艺术形式广泛地用于瓷器装饰，开创了我国古代瓷器装饰新风尚，在中国古代陶瓷史上写下了浓墨重彩的篇章。

长沙窑瓷器不仅在国内广受推崇，而且还远销海外，是唐代海上丝绸之路的重要见证者和参与者。长沙窑瓷器在外销的同时，也受到域外文化的影响。不同的宗教艺术元素和地区人文艺术在长沙窑瓷器中得到呈现，造就了长沙窑产品的五彩纷呈，体现了中华文明开放包容、兼收并蓄的特性。

『黑石号』：惊世海底大发现

1998年，德国打捞公司在印度尼西亚勿里洞岛附近海域打捞了一艘唐代沉船，因其附近有一黑色大礁岩，故将其命名为“黑石号（Batu Hitam）”。根据船体残骸推测，“黑石号”是一艘船长约18米，宽约6.4米的阿拉伯缝合商船。沉船出水了陶瓷器、金银器、铜器、铁器、钱币、玻璃器、香料等67000余件文物，其中绝大多数是中国产的陶瓷器，以长沙窑产品最多，达57000余件。从出水的一件长沙窑瓷碗所刻“宝历二年七月十六日”（宝历二年，即公元826年）题记推断，沉船年代为9世纪上半叶。沉船文物的出水，大大扩展了我们对唐代外销瓷的认知与了解。

“黑石号”沉船打捞现场照片

“湖南道”是唐代一级行政区；“石渚”即今石渚湖；“草市”，古代乡村集市的通称，多位于水陆交通要道或津渡、驿站所在地。“盂子”即碗，“有明（名）樊家记”是樊家作坊自我宣传的题记。说明最迟在9世纪20年代，石渚湖岸已形成规模庞大、集陶瓷生产与销售为一体的集市。

“黑石号”沉船出水
“湖南道草市石渚盂子有明（名）樊家记”
题记碗

1983年发掘的龙窑

长沙窑发现于20世纪50年代中期，多年的考古工作表明，长沙窑窑区主要分布于今长沙市望城区铜官街道彩陶源村南与石渚湖村北的石渚湖沿岸一带，生产规模宏大，功能布局明晰。长沙窑制瓷原料就地取材，采用龙窑烧制。瓷器釉色丰富，造型多样，装饰以彩绘、书画、贴花、贴塑为主要特点。内涵丰富的长沙窑瓷器，是管窥唐代社会生活与精神风貌的重要窗口。

第一单元

焰红湘浦口

《石潴》 唐 · 李群玉

古岸陶为器 高林尽一焚
焰红湘浦口 烟浊洞庭云
迴野煤飞乱 遥空爆响闻
地形穿凿势 恐到祝融坟

多彩釉色

长沙窑成功烧造出青釉、褐釉、白釉、绿釉、黑釉、红釉及窑变釉等种类丰富的色釉瓷器，并在单色釉的基础上拓展出复合釉、双色釉和多色釉等装饰技法，打破了唐代早期瓷器生产“南青北白”的格局，对中国古代瓷器的发展产生深远影响。

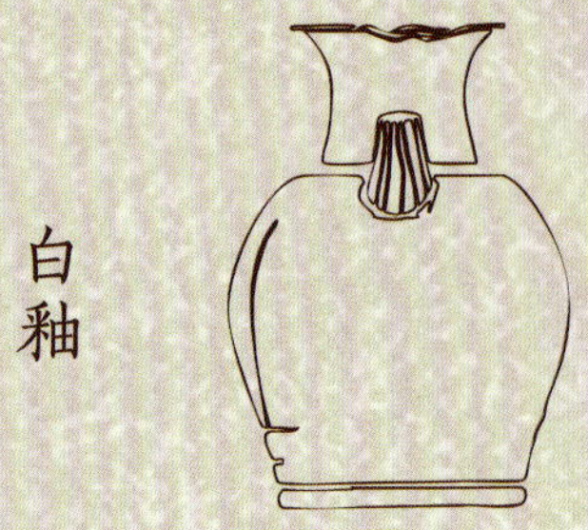

青釉凸棱执壶

唐（618—907）
二级
高 18.3 厘米，口径 8.9 厘米，底径 10.1 厘米
湖南博物院藏

撇口，直筒颈，溜肩，瓜形凸棱腹部，平底。肩前置管状短流，后在肩颈间置弓形柄。长沙窑执壶常见瓜棱形，以凹棱多见，此凸棱壶可谓别具一格，较为珍贵。

青釉碗

唐（618—907）
三级
高4.1厘米，口径14.1厘米，底径5厘米
湖南博物院藏

敞口，斜直腹，圈足。通体施青釉，釉不及底。

青釉褐斑钵

唐（618—907）
高7.3厘米，口径14.3厘米，底径7厘米
湖南博物院藏

敛口，深弧腹，圈足。此钵口沿及腹部饰有褐斑。

诗画彩瓷

唐代海上丝绸之路上的长沙窑瓷器

黑釉瓜棱形执壶

唐（618—907）
二级
高17.7厘米，口径8.5厘米，底径11厘米
湖南博物院藏

侈口，粗直颈，溜肩，瓜棱腹，平底。肩部前置一多棱短流，后于肩颈间置“3”形曲柄。黑釉是长沙窑的重要品种，但数量不多，以铁为着色剂，含铁量一般在8%以上，器类主要有执壶和油灯。因其为乳浊釉，故釉层较厚，莹润如脂，光亮如漆。

褐釉葵口碗

五代（907—960）
三级
高6.5厘米，口径16厘米，底径5.1厘米
湖南博物院藏

敞口，斜直腹，圈足。该碗圆形器口作六等分连弧花瓣状，形似秋葵花，故名葵口。长沙窑出土的碗，可分为圆口碗与花口碗两类。葵口碗是唐宋时期较流行的一种陶瓷式样，有四葵、五葵、六葵之分，造型规整，既体现出实用功能，又增加了美感。

黑釉瓜棱形执壶

唐（618—907）
三级
高18.5厘米
湖南博物院藏

侈口，长颈，溜肩，瓜棱腹，平底。该壶通体施黑釉不及底，釉色乌亮润泽。长沙窑的黑釉一般为乳浊釉，高温一次烧成，这种不透明釉可以很好地掩盖胎的瑕疵。

褐釉双系罐

唐（618—907）
高11.5厘米，口径7.6厘米，底径6.2厘米
湖南博物院藏

撇口，矮直颈，圆肩深腹，平底。肩附拱形双系，下腹近底处釉面有分层错叠现象，先施青釉，再罩酱釉，釉不及底。

长沙窑褐釉瓷器数量仅次于青釉，占出土器物总数的7%—10%。褐釉以铁为着色剂，铁含量较黑釉少，通常在2%—5%，所以色调容易沉闷板滞，因此长沙窑的工匠多在生产褐釉器物时，在造型、纹饰方面增加变化。

褐釉双系罐

唐（618—907）

三级

高9厘米，口径5.6厘米，底径6.2厘米

湖南博物院藏

撇口，矮直颈，圆肩深腹，平底。肩处双系缺失。下腹近底处釉面有分层错叠现象，先施青釉，再罩酱釉，釉不及底。

长沙窑瓷器中有用多种釉色进行绘画的装饰手法，常见图案呈抽象彩带或粗细线条的带状图形，颇具写意之美。这类器物釉色鲜艳明亮且富有变化。

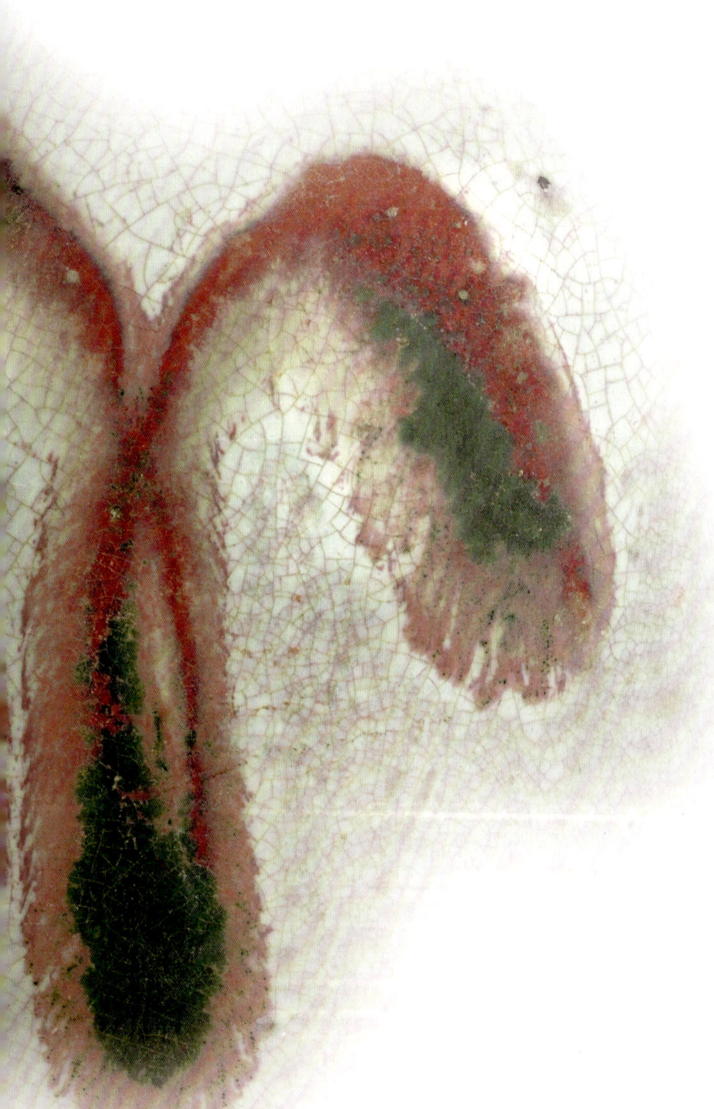

白釉红绿彩执壶

唐（618—907）
高22厘米，口径10厘米，底径11.8厘米
湖南博物院藏

撇口，直筒颈，溜肩，瓜棱形腹，平底。肩前置八棱短流，后在肩颈间置弓形柄。该壶釉色乳白，红绿彩呈色鲜艳、纯正，画面写意飘逸，其图案既像飘动的彩带又像起伏的山峰，虽寥寥几笔，却把人们带入无尽的遐想空间。以白釉打底、再绘以红绿彩是长沙窑装饰手法的一大亮点。红绿彩的着色剂为氧化铜，要同时烧制出红绿两色，十分难得。

绿釉横柄壶

唐（618—907）
三级
高17厘米
湖南博物院藏

子母口，鼓腹，平底。配有宝珠纽盖，盖面隆起作覆钵状。肩部前置管状直流，一侧置横柄，与流成直角，肩后与盖身各有一系。通体施绿釉，色泽鲜亮。

绿釉以铜为着色剂，在氧化气氛中高温一次性烧成，呈色稳定，釉面匀净，釉层较厚。长沙窑绿釉器类见有壶、碗、盒、枕、瓷玩等。

绿釉粉盒

唐（618—907）
高3厘米，外径5.5厘米，内径4.5厘米，底径5厘米
湖南博物院藏

子母口，方唇，平底，浅折腹。盒盖与盒身外壁施绿釉，盒盖与盒底的转折处皆有露胎。

绿釉碗

唐（618—907）
高3.6厘米，口径14.4厘米，足径5.9厘米
湖南博物院藏

敞口，斜直腹，圈足。通体施绿釉，外壁釉不及底。

绿釉执壶

唐（618—907）
高8.2厘米，口径3.3厘米，底径4.1厘米
湖南博物院藏

撇口，短直颈，鼓腹，平底。该器外壁施绿釉不及底，釉色纯净，色彩素雅。

长沙窑盏托数量较多，通常施青釉或绿釉，也有白釉酱绿彩者，制工较精，托与盏或连为一体，或可分开。托盘多作圆形、五出葵花形，也有少量莲花形饰。

白釉带托杯

唐（618—907）
三级
高4.8厘米，口径7.8厘米，底径3.8厘米
湖南博物院藏

敞口，深弧腹，底部与杯托相粘连。杯口有明显刮釉，杯托口沿微斜，圈足。

白釉是长沙窑的重要品种，釉层普遍较厚，长沙窑釉上彩多以白釉为底釉。长沙窑是南方地区最早烧造白釉瓷的窑口之一，白釉瓷与青釉瓷在胎上并无区别。为掩盖胎色，提高呈色白度，窑工们将釉乳浊化，乳浊白釉不易流淌，可以厚施。长沙窑乳浊白釉瓷与真正意义上的白瓷并非同一概念，是南方白瓷的早期形态。

白釉杯

唐（618—907）

三级

高5厘米，口径7.5厘米，底径3厘米

湖南博物院藏

敛口，深弧腹，圈足。内外施青釉，外壁釉不及底。

铜红釉为长沙窑首创，以铜为着色剂，在还原气氛中烧制出色泽艳丽的红色。受到当时历史条件的限制，窑工尚无法完全掌握铜红釉的烧制方法，因而其还原度不高，瑕疵也较多，且烧成器物数量稀少。铜红釉的出现在陶瓷发展史上具有划时代意义，为宋、元、明、清时期红釉瓷器的发展奠定了基础。

铜红釉执壶

唐（618—907）
残高15.5厘米，底径9.3厘米
湖南博物院藏

器口及壶柄缺失，颈部残损。肩前置八棱短流。该器物通体施铜红釉，底部露胎，釉色呈玫瑰红，红釉中有绿点。

长沙窑三彩釉的出现，应受到北方巩义窑三彩工艺的影响，不同之处在于长沙窑三彩釉因采用高温烧制，釉色比三彩更纯正持久。

三彩釉盏

唐（618—907）
二级
高4.2厘米，口径8.5厘米
湖南博物院藏

敞口，弧腹，圈足。内外壁施白釉，外壁釉不及底。该盏内壁饰有褐、绿条彩，从口沿向盏心垂流，错落有致，随意自然。

盏托始于东晋，唐时随着饮茶风气的盛行产量大增。最初是侍仆向贵族敬酒之用，因酒杯形体较小，敬酒时不易转手，故以托承之，实是礼义所需。饮茶普及后，为免于烫伤，盏托则又用作茶具，用于承放茶盏。唐李济翁《资暇录》载："茶托子，始建中蜀相崔宁之女，以茶杯无衬，病其熨指，取碟子承之。"

白釉绿彩盏托

唐（618—907）
高3.8厘米，口径14.8厘米，足径5厘米
湖南博物院藏

外口沿微撇，呈花瓣形。内口沿有一处变形。浅弧腹，圈足。内外壁施白釉，外壁釉不及底。内壁饰有绿釉条带，颇具意趣。

白釉绿彩执壶

唐（618—907）
高19厘米，口径9厘米，底径10.3厘米
湖南博物院藏

撇口，直筒颈，溜肩，瓜棱形腹，平底。肩前置八棱短流，后在肩颈间置弓形柄。通体施白釉，在白釉上施以绿彩，是长沙窑常见的一种装饰手法，具有很强的装饰性。釉彩呈抽象彩带或粗细线条相间的带状图形，艺术效果类似于国画中的泼墨，颇具写意之美。

青釉褐绿条彩纹壶

唐（618—907）
二级
高12.5厘米，口径5.5厘米，底径11.2厘米
湖南博物院藏

撇口，短直颈，鼓腹下收。肩前置一短流，后置弧形柄。该壶腹部采用褐、绿彩相间的条彩装饰，规整不失逸趣。长沙窑条彩以青釉为底釉，在其上施一到两种的其他色釉，作条带状，常装饰于壶、罐、碗、盘、杯等器物。

长沙窑中造型各异的褐釉壶，不仅质量上乘且富有观赏价值。为了增强壶类造型的多种变化，长沙窑工匠多从动物形象中寻找灵感，主要通过流部和器鋬的变化，创造出一种“仿生类”器型。

褐釉兽嘴执壶

唐（618—907）
高20.8厘米，底径12.8厘米
湖南博物院藏

撇口，矮直颈，圆肩深腹，平底。兽首流，肩附模印双系，施褐釉，釉不及底。下腹近底处釉面有分层错叠现象。

青釉是长沙窑最大宗产品，源于岳州窑，但与岳州窑不同的是，长沙窑在施青釉之前，先在胎上施化妆土，再罩青釉，其釉比岳州窑青釉淡，施釉较薄。

青釉模印贴双鱼纹执壶

唐（618—907）
二级
高23.9厘米，口径7.2厘米，底径11.7厘米
湖南博物院藏

撇口，长直颈，瓜棱腹，平底。肩前置一多棱短流，肩后置一拱形柄。流下装饰有双鱼纹模印贴花，通体施青釉不及底，釉色清亮，纯净无瑕。

谭家坡龙窑

龙窑是窑炉的一种形式，依山势而建，由下而上，形如长龙，因此得名“龙窑”。谭家坡龙窑是长沙窑窑炉的典型代表，从现存遗迹看，窑头、窑室、窑尾三部分清晰可辨，南北走向依山而建，通长41米，平均宽3.2米，坡度为9°—23°，窑壁以青砖砌成。窑址填土为黑褐色杂土，其中包含一定数量的破碎匣钵、青砖及烧土块。

谭家坡龙窑结构示意图

唐人佳器

为迎合市场需求，长沙窑生产了极为丰富的民间生活用器，器类包括茶具、酒具、文房用具、玩具、宗教用具及其他生活日用品，主要有碗、壶、罐、钵、洗、盘、碟、盂、盒、灯、枕、烛台、炉、砚滴、砚台、镇纸、茶碾、塑玩、造像等，几乎涵盖了当时社会生活的方方面面。

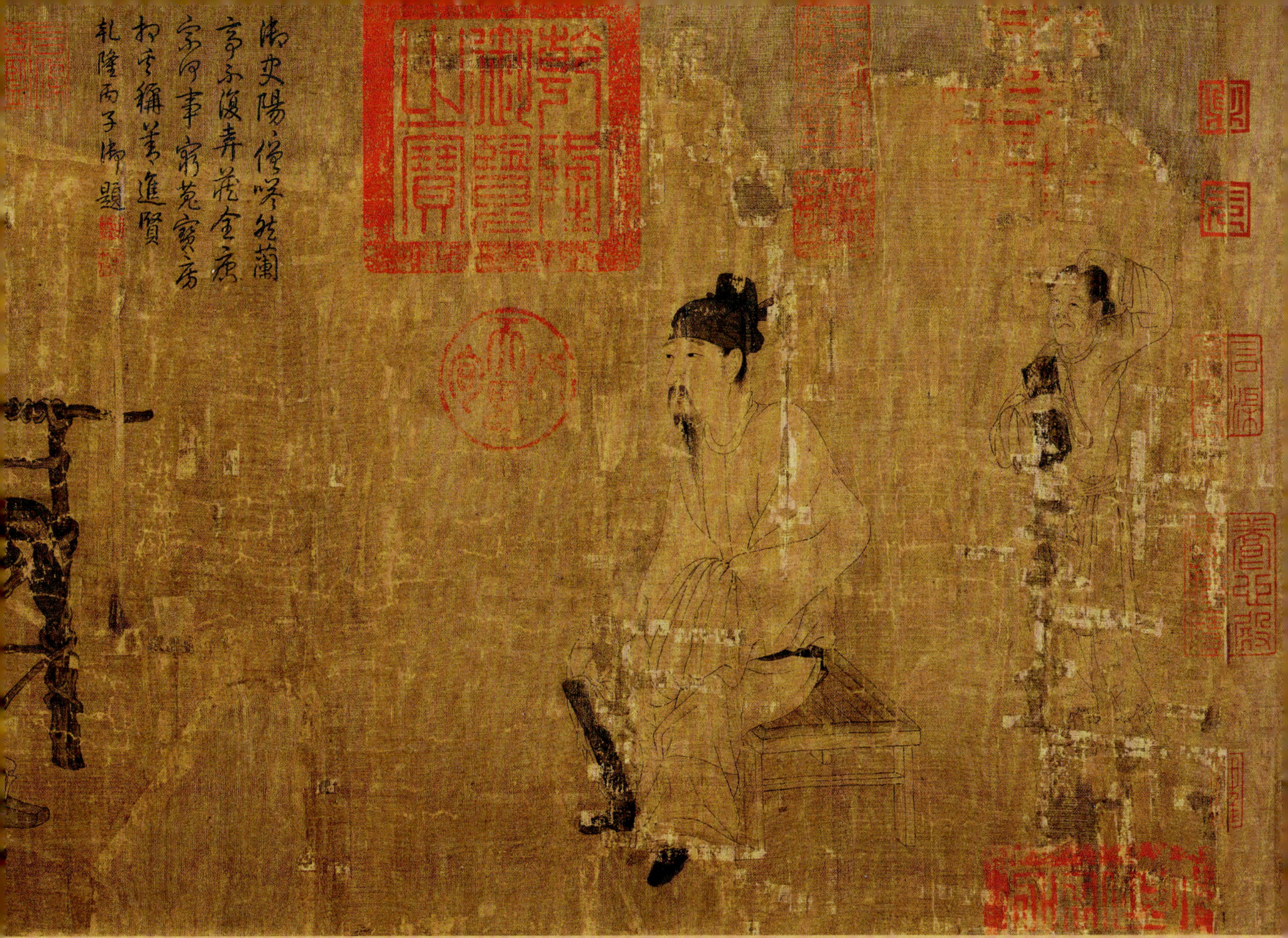

与孟郊洛北野泉上煎茶

唐 刘言史

粉细越笋芽，野煎寒溪滨。
恐乖灵草性，触事皆手亲。
敲石取鲜火，撇泉避腥鳞。
荧荧爨风铛，拾得坠巢薪。
洁色既爽别，浮氲亦殷勤。
以兹委曲静，求得正味真。
宛如摘山时，自歠指下春。
湘瓷泛轻花，涤尽昏渴神。
此游惬醒趣，可以话高人。

褐釉横柄壶

唐（618—907）
三级
高25厘米
湖南博物院藏

壶子母口，狮形纽盖，狮子形态逼真。直颈，圆肩，腹下渐收，平底。通体施褐釉及底，釉色光亮莹润。前置弧形流，肩部有一横柄，横柄印“龙上”字样，“龙”代表龙姓作坊烧制，“上”指上等，该铭文为广告语。

褐釉碟

唐（618—907）

三级

直径9厘米

湖南博物院藏

敞口微撇，浅折腹，圈足。口沿修削成五瓣葵花口。内施褐釉，外施青釉。

褐釉瓜棱形执壶

唐（618—907）
三级
高18厘米
湖南博物院藏

侈口，粗直颈，溜肩，瓜棱腹，平底。该壶通体施褐釉，外壁釉不及底。

长沙窑蓝绿釉制作工序为先施青釉，其上再施绿釉，呈现出蓝绿色。因此，蓝绿釉实际是绿釉与青釉叠加形成的复色釉。经检测，长沙窑蓝绿釉或蓝釉仍然是铜元素的呈色，青釉在下，绿釉在上，属于复合呈色。

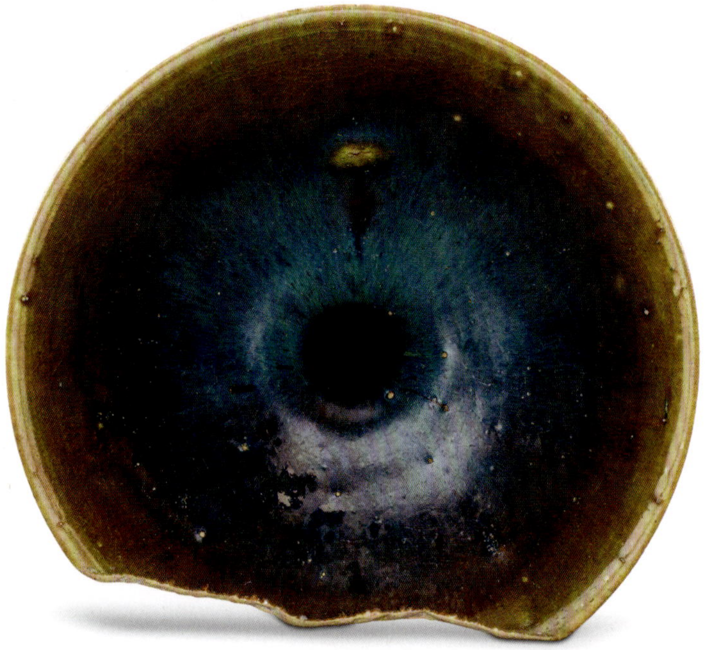

蓝绿釉唾壶

唐（618—907）
三级
高10厘米，口径17.7厘米，底径9厘米
湖南博物院藏

唾壶又称渣斗，一般作承接漱口浊水的用途，亦可收纳食渣。该唾壶盘口、束颈、垂腹。盘口中间的圆孔周围及颈部呈蓝色，色泽鲜亮。

唐代的斟酒器多为执壶，长沙窑斟酒执壶高度多在18—21厘米，短流位于肩腹衔接处。执壶在唐代亦称“注子”，使得酒水可直接注人杯盏，无需再利用酒勺。

褐釉执壶

唐（618—907）
二级
高23厘米
湖南博物院藏

撇口，直筒颈，溜肩，瓜棱形腹，平底。肩前置八棱短流，两侧各安一桥形模印贴花系。后在肩颈间置弓形柄。柄上印有花纹。通体施褐釉，外壁釉不及底。

青釉褐绿彩写意纹盖盒

唐（618—907）
三级
高7.5厘米
湖南博物院藏

该盒外壁施青釉。盒盖面以褐绿彩绘花卉纹，虽寥寥几笔，却别有一番神韵。

青釉碗

唐（618—907）
三级
高4.7厘米，口径13.2厘米，足径4.7厘米
湖南博物院藏

敞口，弧腹，圈足。内外壁施青釉，外壁釉不及底。长沙窑的青釉产品几乎覆盖所有器形，碗是最为常见的生活用器，多用作茶酒具。

酒具

唐代的饮酒之风甚浓，促进了酒业的繁荣兴盛。长沙窑酒具类型多样，主要有罐、壶、盏等，在这些器具上有不少含“酒”字的题记，如“陈家美春酒”“好酒无深巷”“美春酒”“酒家”“美酒”等。

青釉褐斑执壶

唐（618—907）

高19.3厘米，口径6.8厘米，底径12.6厘米

湖南博物院藏

撇口，束颈，溜肩，鼓腹，平底。该器内外壁施青釉，外壁釉不及底，在两系及流下分别饰以褐斑。

青釉绿彩双系罐

唐（618—907）
三级
高11.5厘米，口径6.4厘米，底径5.6厘米
湖南博物院藏

唇沿外卷，短直颈，圆肩，鼓腹下收，平底。内外壁施青釉，外壁釉不及底。肩处有绿釉斑。

青釉花口杯

五代（907—960）
三级
高5.5厘米，口径10厘米，底径6厘米
湖南博物院藏

敞口，深斜腹，圈足外撇。花形口沿，腹外壁压有与花口对应的凹槽。施青釉，杯底有模印花卉纹。

青釉花口杯

五代（907—960）
三级
高6厘米，口径10厘米，底径6.7厘米
湖南博物院藏

敞口，深斜腹，圈足外撇。花形口沿，腹外壁压有与花口对应的凹槽。该杯采用模制成型的手法，器身压成花瓣形，内底模印花卉纹。长沙窑有不少瓷器造型仿自金银器制品，胎质上追求金银制品的轻薄，装饰图形也模仿金银器锤鍱技术的工艺效果。

青釉褐斑双系罐

唐（618—907）
二级
高16.9厘米，口径9.7厘米，底径10.1厘米
湖南博物院藏

唇沿外卷，短直颈，鼓腹下收，平底。该罐为储酒器，通体施青釉，外壁釉不及底，双系下部饰褐斑。此类酒罐多唇口卷沿，便于封口。

长沙窑出土的“酒盏”，其器形略小于茶碗，一般胎壁比较轻薄，葵花形口。长沙窑作为中晚唐时期的兴盛民窑，生产大量物美价廉的日常生活用品。长沙窑瓷碗有大中小几种规格，小者题有“酒盏”“茶埦”“茶盏子”等铭款，标明了其功用，这类碗盏常与执壶配套使用。

青釉褐彩『酒盏』

唐（618—907）
高3.8厘米，口径10.6厘米，足径3.6厘米
湖南博物院藏

敞口微撇，花形口沿，弧腹，圈足。盏心用褐彩书“酒盏”二字。

青釉褐彩“酒”铭盏标本

唐（618—907）
湖南博物院藏

碗底残片。碗心有带“酒”字褐釉书迹。

青釉印花海棠杯

唐（618—907）
一级
高5.9厘米，口径8.9—13.2厘米，底径5.2厘米
湖南博物院藏

该海棠杯为饮酒器，压模成形，器口作海棠状，杯心模印莲子纹，下承喇叭形高圈足。此类器物最早见于西亚地区金银器。

青釉碗

唐（618—907）
高4.6厘米，口径13.8厘米，底径5.7厘米
湖南博物院藏

敞口，斜直腹，玉璧底。黄色胎。碗内和外口沿着化妆土。

青釉贴塑龙纹执壶

唐（618—907）
三级
高20厘米
湖南博物院藏

喇叭形口，溜肩，鼓腹，平底。肩前置长流，后有弓形柄。该壶为斟酒器，流下贴塑龙纹。长沙窑的模印贴花一般位于流及系下，自然而醒目，有双鱼、莲花、童子坐莲等题材。

茶具

长沙窑茶具种类繁多，大致分为贮茶用具、碾茶用具、注水用具、煮茶用具、饮茶用具等，反映出饮茶的每个步骤都已有专门的器具来完成，可见民间饮茶风尚之盛行。

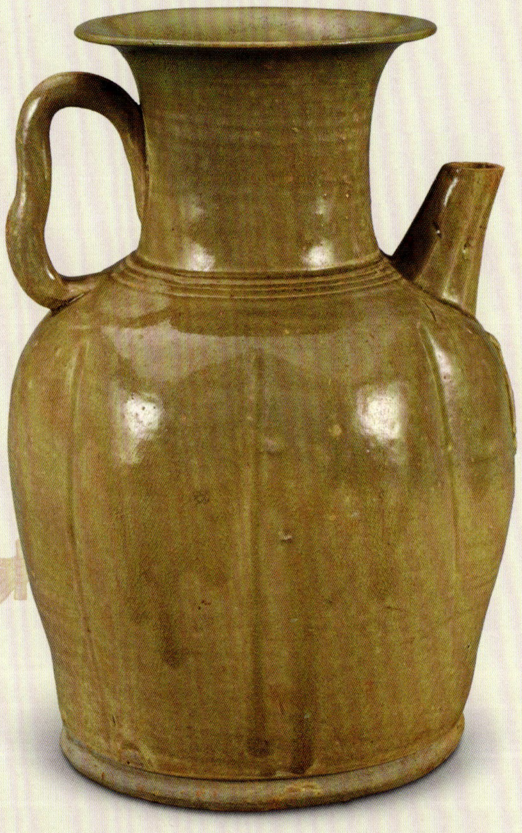

唐代饮茶之风盛行，使得与之相关的茶具需求量很大，经人们摸索，各种质地的茶具，尤以瓷为佳。唐人苏廙的《十六汤品》认为“贵欠金银，贱恶铜铁，则瓷瓶有足取焉。幽士逸夫，品色尤宜”，实物中所见的茶瓶也大多为瓷质，金、银、陶质的都很少。在此风气的影响之下，南北方名窑都在争先烧造各类茶具，长沙窑便是其中的代表。

青釉执壶

唐（618—907）
高21.7厘米，口径10.2厘米，底径12.4厘米
湖南博物院藏

撇口，直筒颈，溜肩，瓜棱形腹，平底。肩前置八棱短流，后在肩颈间置弓形柄。留下饰有一飞鸟纹贴花。

云纹碾槽

唐（618—907）

长31.2厘米，口沿宽5.8厘米，高6厘米

湖南博物院藏

碾轮

唐（618—907）
直径12.4厘米，厚1.8厘米
湖南博物院藏

茶碾是将茶饼碾成茶末的茶具，由碾轮和碾槽两部分组成。碾槽一般呈长方形，中部有一条长弧形的沟槽，碾茶时能够使碾轮在沟槽内来回滚动。碾轮由执手和圆轮组成，圆轮中间厚，边缘薄，中部有穿孔，执手穿于中间。长沙窑生产的茶碾，多见青釉和素胎器，有刻划、印花、彩绘等多种装饰。

青釉茶釜

唐（618—907）
高7.4厘米
李昊先生捐赠
湖南博物院藏

茶釜，也作“茶鍑”，为煮茶器。该器双耳及口沿部分残缺，器内满施青釉，器外素胎，有较多烟炱，当为火熏痕迹。长沙窑生产的煮茶器还见有茶鼎、茶铫等。

横柄壶的流与柄多成90°角，横柄供端握，其造型与晚唐时期茶文化的兴起有关，也称为“急须”“横柄汤瓶”。唐代的饮茶方法为“煎茶法”，先将茶饼碾成茶末，然后投茶末于茶鍑中煮茶，再分于碗中饮用。

青釉横柄壶

唐（618—907）
高19.1厘米，口径5.6厘米，底径9.6厘米
湖南博物院藏

直口，唇沿外翻，长颈，丰肩，收腹，平底内凹。肩部前置管状曲流，一侧置横柄，与流成直角。通体施青釉。

青釉碗

唐（618—907）
二级
高4.1厘米，口径15厘米，底径6.6厘米
湖南博物院藏

敞口，斜直腹，圈足。通体施青釉，外壁釉不及底。该类碗多为青釉，常见敞口、斜腹、玉璧底造型，可饮茶亦可饮酒。长沙窑饮茶的专用茶碗常在碗内用褐彩书铭文，类似者有“岳麓寺茶埦”“茶埦”“茶盏子”，“荼”即“茶”。唐代陆羽《茶经》中有言：“碗，越州上，鼎州次，婺州次，岳州次，寿州、洪州次。”亦载：“夫珍鲜馥烈者，其碗数三；次之者，碗数五。若座客数至五，行三碗；至七，行五碗；若六人已下，不约碗数，但阙一人而已，其隽永补所阙人。”也表明当时饮茶的量以碗论数。

青釉印花碟

唐（618—907）
高1.8厘米，口径10.2厘米
湖南博物院藏

敞口，浅折腹，圈足。该碟通体青釉，内底模印花卉纹，可盛装茶点。长沙窑模印花纹多见于一些制作精致的小碟、海棠杯等器物的内底，是以刻有装饰图案的模具直接在胎上印花，在装饰器物的同时也起到了定型的作用。

文具

在唐代乡学兴盛以及科举制度充分发展的背景下，文具使用群体随之扩大。长沙窑文具不仅品类齐全，而且通过多元的装饰手法体现实用性与趣味性相结合的特点。

青釉褐绿彩鸟形水注

唐（618—907）
高8.7厘米，口径3.5—4厘米，底径6.5厘米
湖南博物院藏

水注又称为砚滴，是向砚中注水之器。该器通体施青釉，器身装饰褐绿彩，色彩交错，随意而简朴。流与把手之间的侧面贴塑鸟翅，实现了动物造型与器物功用的巧妙结合，达到了美感与实用的统一，可谓别具匠心。

青釉褐绿彩六鸟水盂

唐（618—907）
高6.5厘米，口径4.8厘米，底径5.2厘米
湖南博物院藏

撇口，弧腹，平底。该水盂肩部饰捏塑小鸟六只，等距爬列一周，衔水盂口沿如争相饮水状。通体施青釉，饰褐绿彩。造型别致，颇有逸趣。

褐釉瓜形水注

唐（618—907）
高10.8厘米，底径6.5厘米
湖南博物院藏

该水注的提梁以荷叶为造型，叶片包裹顶部，叶柄弯曲，生动有趣。器型小巧而精致，釉面莹洁光润。

青釉褐彩卧狮镇纸

唐（618—907）
高3.5厘米
湖南博物院藏

镇纸主要用以固定纸张，便于书写。长沙窑出土的镇纸造型多样，上部多为动物造型，下部附一底板。唐人爱狮，最常见的狮形镇纸为蹲狮、卧狮，装饰意味浓厚。狮伏卧于地，首尾相接，前爪在嘴上做挠痒状，造型生动有趣。

青釉红褐彩瓜棱形水注

唐（618—907）
高10.2厘米，口径4.5厘米
湖南博物院藏

撇口，短直颈，鼓腹下收。肩前置一短流，肩后置弧形柄。该器通体施青釉，釉不及底，肩部铜红彩、褐彩相间，线条随意，装饰简约。

绿釉水盂

唐（618—907）
高2.8厘米，口径1.8厘米，底径2.8厘米
湖南博物院藏

敛口，扁鼓腹，饼足。施绿釉，外壁釉不及底。水盂为磨墨时使用的盛水器物，唐代瓷质水盂形式多样，以敛口、扁圆腹、圆饼底的造型多见，装饰见有青釉、青釉褐彩、绿釉等。

褐釉兽座箕形砚

唐（618—907）
一级
长15.9厘米，宽11厘米，高4.9厘米
湖南博物院藏

砚如箕形，前端雕塑为兽首，兽昂首睁目，刻划细密的线条表示胡须，雕刻生动，神采奕奕。兽身则化为砚台，底部有四个前低后高的兽足，承托砚身。该砚整体造型如一卧狮，将器物的实用功能与动物的自然形态相结合，实用且美观。

灯具

长沙窑生产的灯具形式多样，其类型主要有碗形油灯、烛台、带流灯等。其中以烛台造型最为丰富，有座式、承盘式、铃铛式、梯级塔座式、兽座式、凤鸟座式等式样。

青釉褐斑碗形灯

唐（618—907）
高4.5厘米，口径12.8厘米，底径5厘米
湖南博物院藏

敞口，弧腹，圈足。碗内壁有一条形纽。通体施青釉，釉不及底。口沿饰三块褐斑。

唐代灯盏通常作碗形或浅盘形，在灯盏内壁一侧附半环形、环形或麻花形灯柱，以便搭灯捻。这种瓷灯非常简易，广泛应用于民间百姓的日常生活。唐代由于生活习惯的改变，人们由席地而坐转为垂足而坐，从而使得那些相对较低矮的盏形、碗形灯具变得较为方便实用。长沙窑便是以生产这类瓷灯为主。

褐釉碗形灯

唐（618—907）
高3.8厘米，口径11.7厘米，底径3.9厘米
湖南博物院藏

敞口，弧腹，平底。碗内壁有一条形纽。内壁与外壁上部施褐釉。

青釉带流灯

唐（618—907）

口径7.5厘米，高4.9厘米，足径4.1厘米

湖南博物院藏

敞口，唇沿外翻，深弧腹，饼足。腹中部置一短流。古代地中海区域及西亚各国同时期的灯往往采用“唇搭炷式”，至唐代，这种类型的灯逐渐传入内地，使用时往盏中注油，灯捻一端浸入油中，一端搭流。长沙窑生产的此类带流灯可能是受外来文化影响开始出现的。

青釉褐绿彩葫芦形烛台

唐（618—907）
残高14.1厘米，底径15.7厘米
湖南博物院藏

器身作葫芦形，口部修复。青釉褐绿彩装饰，器身多处饰花草纹，该造型为仿西亚金银器而来。

青釉绿彩油瓶

唐（618—907）
高19.2厘米，口径8厘米，底径11厘米
湖南博物院藏

盘口、束颈、短流、鼓腹、平底。流下以绿彩绘写意笔触。盘口为避免在倒油过程中溅出。小颈、细流则是防止在移动过程中油滴流出。长沙窑瓷器造型细节上的这些处理，都显示出古人对油的珍惜。

青釉褐斑油瓶

唐（618—907）
高22.5厘米，口径8.5厘米，底径13厘米
湖南博物院藏

盘口、束颈、短流、鼓腹、平底。外壁施青釉，釉不及底。颈、肩处置对称双系，双系与流下饰有褐斑。

瓷枕

唐代是我国瓷枕烧造史上的重要时期，长沙窑瓷枕形体多样，主要有腰形、梯形、方形、几形、伏兽形等。常见在较大的枕面进行内容多元的装饰，手法丰富，有绘画、书法、印花、划刻等。

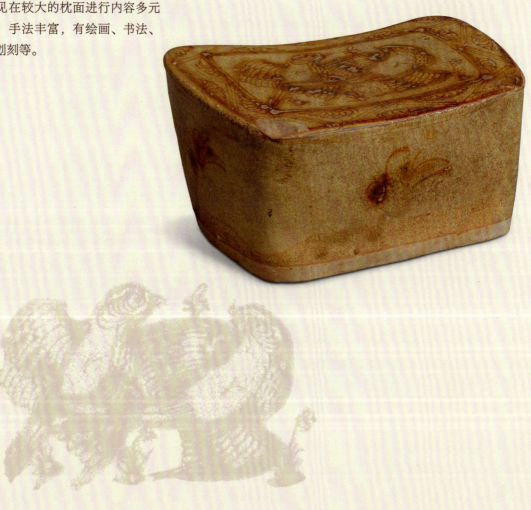

青釉褐彩双燕纹枕

唐（618—907）
一级
高8.2厘米，长15.3厘米，宽10.3厘米
湖南博物院藏

枕作银锭形，枕面中部以褐绿彩绘双燕，两只燕做展翅飞翔状，前燕回首与后燕互相顾盼，有比翼双飞之意。方框与枕面外缘之间用三条平行线绘几何纹饰，形成多个三角形，内饰草叶纹，器物四壁绘简笔兰草纹。画面整体生动自然，耐人寻味。

青釉褐彩花卉纹枕

唐（618—907）
高9.8厘米，长15.7厘米，宽10.2厘米
湖南博物院藏

枕为长方形，稍内凹，枕面以褐彩绘四叶花卉纹，花纹细节逼真，造型灵动。瓷枕按用途可分为生活实用枕、医用脉枕以及随葬明器，最早见于隋，唐以后大量生产，盛于宋，明清以后渐渐退出历史舞台。长沙窑瓷枕种类丰富，既有青、白、绿釉等单色釉瓷枕，也有青釉褐彩、白釉绿彩等彩绘瓷枕，还有诗文枕。

青釉剪纸印花飞蝶纹枕

唐（618—907）
一级
高8.3厘米，长16.8厘米，宽10.8厘米
湖南博物院藏

枕为银锭式，化妆土上施青釉不及底。枕面正中印一蝶纹，蝶纹色泽清晰，线条流畅，画面布局简洁而生动，具有剪纸印花的效果。这种装饰手法在长沙窑中较罕见。蝴蝶象征着无拘无束，天真烂漫的本质，古人常借此表达人生如梦、亲友之思以及恬淡闲适之情。

绿釉枕

唐（618—907）

三级

高8厘米，长17厘米，宽11.3厘米

湖南博物院藏

枕呈长方形，造型圆润柔美，枕面前低中凹，枕体中空。通体施绿釉不及底，釉色莹润，清淡雅致。

扑满

扑满是我国古代储存钱币的一种盛具，形体多呈罐状，罐体密闭，上方大多只留一条狭缝作为投币口。长沙窑扑满外形多样，主要有圆形、桃形、乳突形等，并以绘画、书法等作为装饰。

青釉褐绿彩仕女图扑满残片

唐（618—907）
残存14厘米×13.5厘米
湖南博物院藏

扑满残片呈半球状，上有一乳钉状钮，其两侧各一弓形系，另有一椭圆形孔。用褐绿彩绘一仕女头像，女子卷发圆脸，头缀宝珠，樱桃小口，秀眼圆睁，是长沙窑中极少见的描绘唐代女子的画面。

瓷玩

长沙窑陶瓷玩具造型丰富多样，做工朴拙天真，目前发现的主要类型有瓷塑、埙、骰子、瓷棋等。长沙窑瓷玩有着独特的设计理念，使之观赏性与可玩性巧妙结合。

『王』字龟印模

唐（618—907）
长12.5厘米，宽9.6厘米
湖南博物院藏

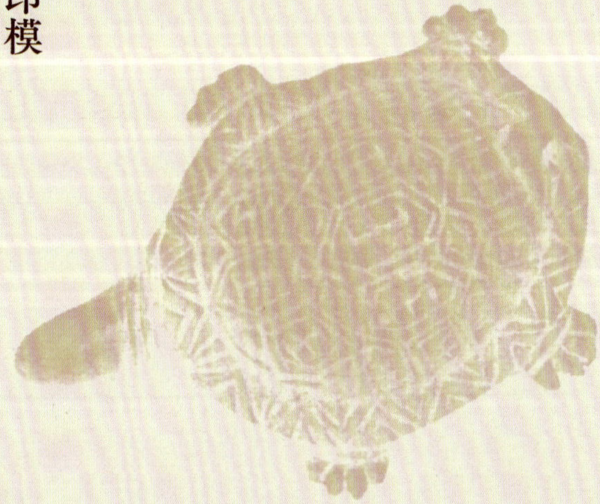

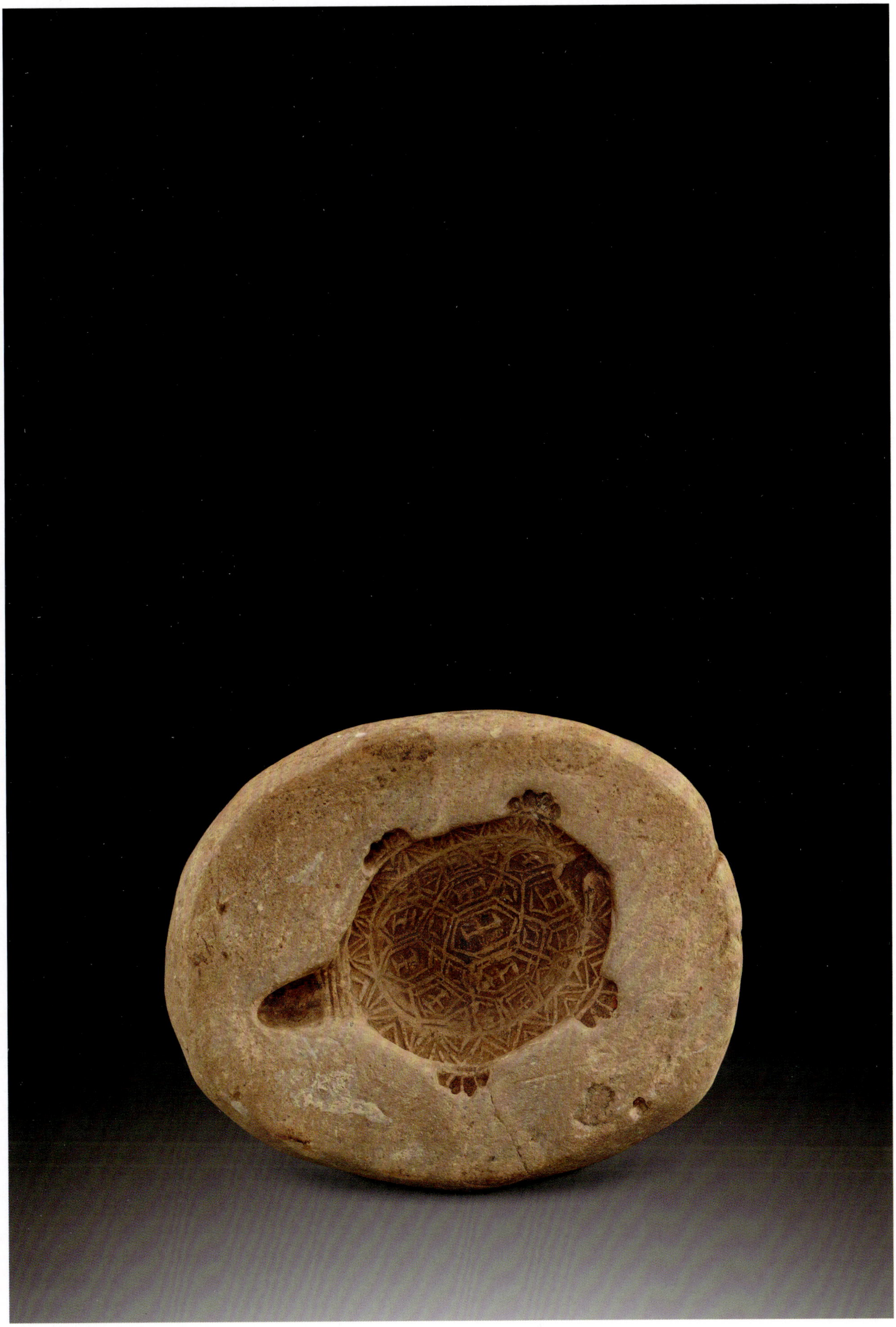

青釉褐彩『王』字龟

唐（618—907）
残高2.4厘米
湖南博物院藏

长沙窑动物按内容题材分有走兽类、禽鸟类与水族类，其中水族类动物大多模印而成，少数为手工捏制。青釉褐彩“王”字龟在长沙窑生产的瓷玩产品中比较多见，造型稳重拙朴，形态可爱灵动。

青釉褐彩扶栏俑

唐（618—907）
高6厘米，底长3.8厘米，底宽3.7厘米
湖南博物院藏

围栏呈方形，有两柱状抓手，栏内站立一婴孩，双手扶栏，胖胖的脸蛋，圆圆的双眼，呆萌可爱。通体施青釉褐彩，围栏饰菱形纹。

长沙窑生产了大量玩具，人物、动物造型均有，一般捏塑而成，尤其人物类形象，都是窑工对现实生活的真实刻画，为研究唐代服饰、发型、佩饰等提供了重要资料。

青釉褐彩抱物俑

唐（618—907）
高3.4厘米
湖南博物院藏

青釉褐绿彩扶栏俑

唐（618—907）
高5厘米，座径5.1厘米
湖南博物院藏

婴儿站于围栏旁嬉戏玩耍，或为父母借此教育小孩学会走路，是研究唐代民俗的珍贵实物。通体施青釉，饰以褐绿彩。

青釉褐彩奏乐俑

唐（618—907）
通高5.6厘米
湖南博物院藏

青釉褐彩瓷玩

唐（618—907）
高7.5厘米
湖南博物院藏

褐釉摩羯

唐（618—907）
高2.9厘米，长9.9厘米，宽5.8厘米
湖南博物院藏

长沙窑瓷器中常见摩羯形象，反映了佛教的影响。背部原应有系，用于悬挂。

褐釉狮

唐（618—907）
高11.5厘米
湖南博物院藏

狮子是长沙窑瓷玩中常见的形象，在唐人的观念中，狮子是正义的象征，有避邪的作用。人们根据狮子威武凶猛的特性，通常以石头、铜铁制作，用来镇宅守府，以求合家平安。

褐釉棋子

唐（618—907）
高2.2厘米，重19克
湖南博物院藏

褐釉棋子

唐（618—907）
长2.2厘米，宽2.1厘米，
高2.3厘米
湖南博物院藏

褐釉棋子

唐（618—907）
长2.1厘米，宽1.8厘米，
高1.9厘米
湖南博物院藏

褐釉棋子

唐（618—907）
长1.9厘米，宽1.8厘米，
高1.8厘米
湖南博物院藏

青釉褐绿彩蛙

唐（618—907）
高3.6厘米
湖南博物院藏

青釉褐彩母子羊

唐（618—907）
高3.4厘米
湖南博物院藏

该器以母子羊造型表现动物亲情，形象逼真，神情丰富，将羊儿的温顺可爱表现得淋漓尽致，体现出温暖和谐的氛围。

青釉褐彩鸟形埙

唐（618—907）
高4.5厘米
湖南博物院藏

青釉褐彩鸟塑

唐（618—907）
高2.7厘米，底径4.2厘米
湖南博物院藏

小鸟作回首张望状，神态怡然，身躯饱满浑圆。长沙窑鸟类瓷玩尺寸娇小，造型多样，形态自然，玲珑可爱。

褐釉鸟形埙

唐（618—907）
高5厘米
湖南博物院藏

外观呈鸟形，内部中空，周身常有三个音孔。鸟埙可赏亦可吹，多为儿童娱乐之用。吹奏时，气息经过小孔，音色古朴低沉。鸟身造型浑圆饱满，适合孩童把玩。

绿釉鸟

唐（618—907）
通高4.5厘米，底径2.3厘米
湖南博物院藏

褐釉鸟形埙

唐（618—907）
二级
高4.1厘米
湖南博物院藏

青釉褐彩兔形埙

唐（618—907）
高4.2厘米
湖南博物院藏

青釉猪

唐（618—907）
高6.3厘米
湖南博物院藏

瓷猪身躯呈椭圆形，前端有一捏塑的猪首，吻部突出。后端有一粗短尾巴，底部有四足。造型憨态可掬，惹人喜爱。

青釉褐彩羊形埙

唐（618—907）
高5.8厘米
湖南博物院藏

笔精妙入神

右军本清真，潇洒出风尘。
山阴过羽客，爱此好鹅宾。
扫素写道经，笔精妙入神。
书罢笼鹅去，何曾别主人。

《王右军》唐·李白

有唐一代，诗歌大放光彩，绘画灿烂求备，名家辈出，而民间文化也呈现出一片繁荣之势。长沙窑顺应潮流，将书法、诗词、绘画与彩瓷装饰工艺相结合，极大地提升了瓷器的审美价值。长沙窑瓷大量装饰诗文与绘画，是中国瓷器装饰的重大变革与创新，对后世陶瓷装饰产生了深远影响。

诗文传情

将书法和诗文呈现于瓷器上是长沙窑创新的装饰手法。这些瓷器上的诗文，有饮酒诗、情诗、感怀诗、边塞诗等，多是未被收录于《全唐诗》的民间诗歌。此外还有不少谚语、警句、对联、广告，内容丰富，言词简洁，寓意深刻，朴素自然。这些诗文为今人保留了研究唐诗和唐代社会的珍贵资料，也留下了研究唐代书法艺术的重要样本。

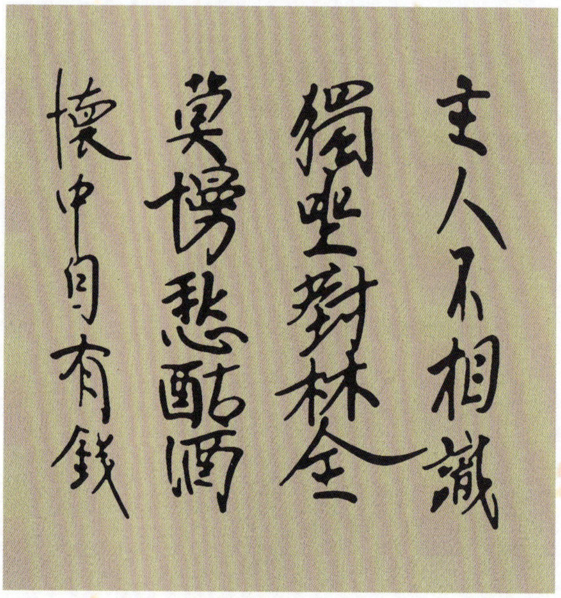

主人不相识
独坐对林全（泉）
莫谩愁酤酒
怀中自有钱

书法装饰

唐代书法蔚为大观，书法艺术异彩纷呈，在中国书法史上有“唐人尚法”之共识。长沙窑瓷器书法装饰的主要书体有楷书、行书和草书，其表现内容丰富，取法多样，天真率性，不拘一格，为唐代民间书法研究提供弥足珍贵的实物资料。

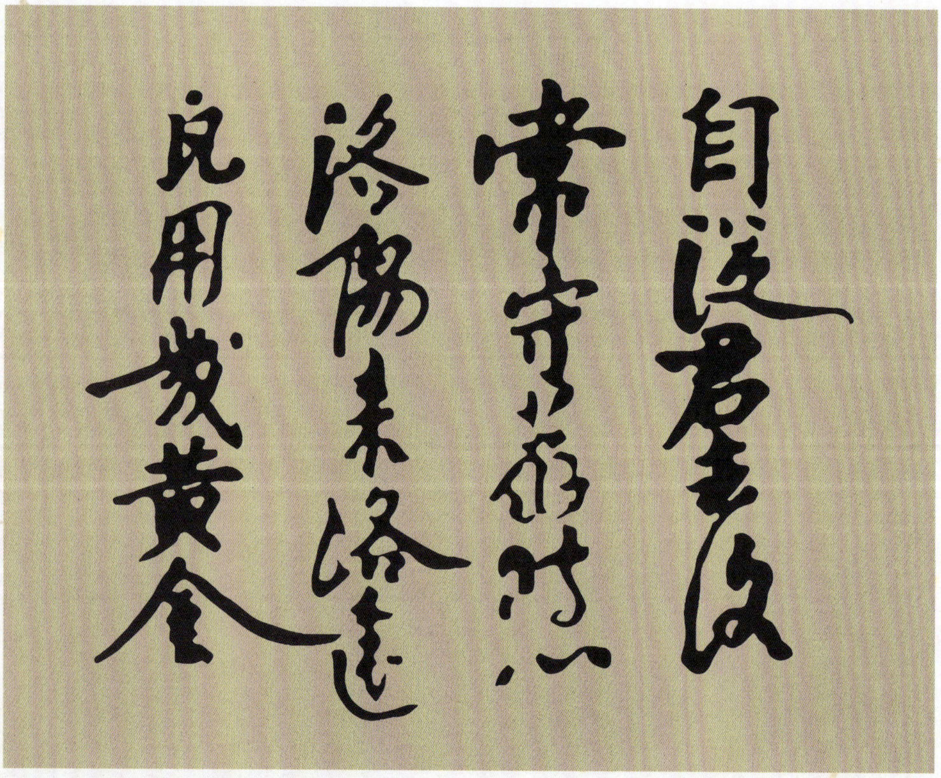

自从君去后
常守旧时心
洛阳来路远
凡（还）用几黄金

广告宣传

长沙窑是面向市场的民间窑场，特别注重产品的宣传和推广，部分瓷器上题有广告词语。根据已公布的长沙窑瓷器来看，其内容有作坊铭记、产品赞美、价格标识和为其他产品代言等。

油瓶五文

陈家美春酒

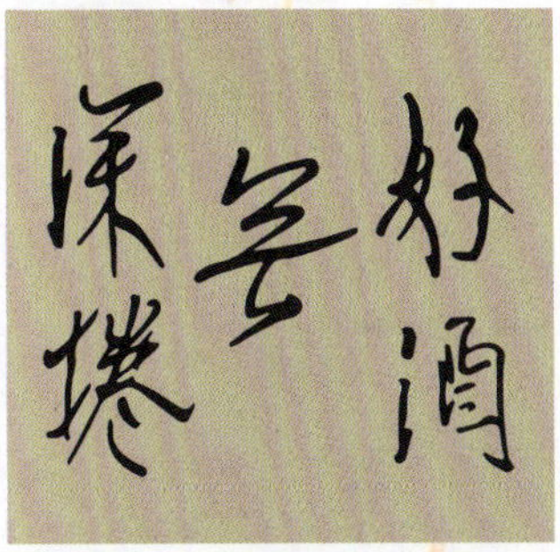
好酒无深巷

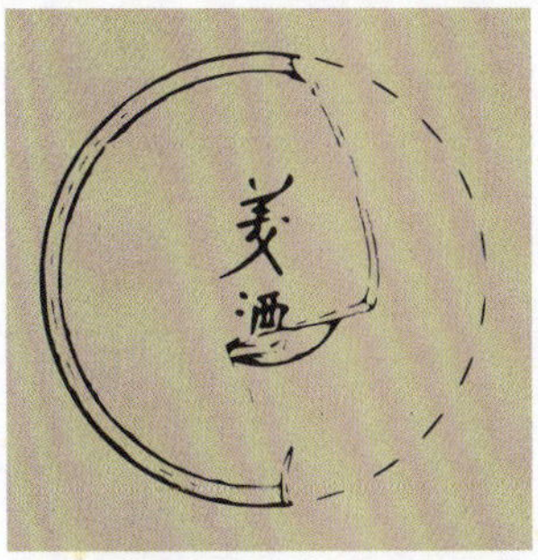
美酒

油合

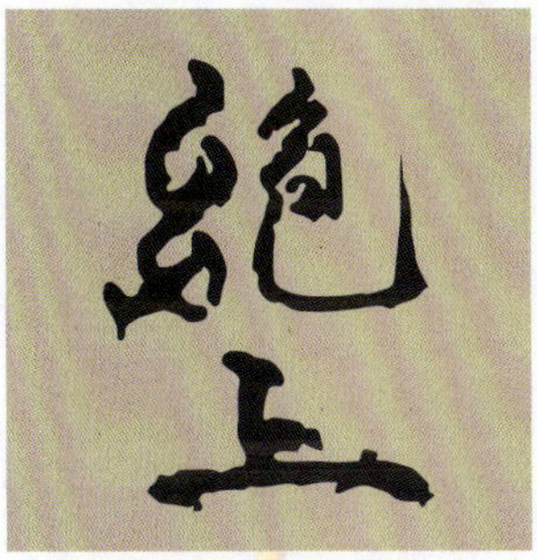
绝上

警句格言

除诗歌外，长沙窑瓷上还有不少警句格言。有的是古训，长期流传于民间，书于瓷上，对使用者而言，有一定的教育意义。

悬钓之鱼　悔不忍饥

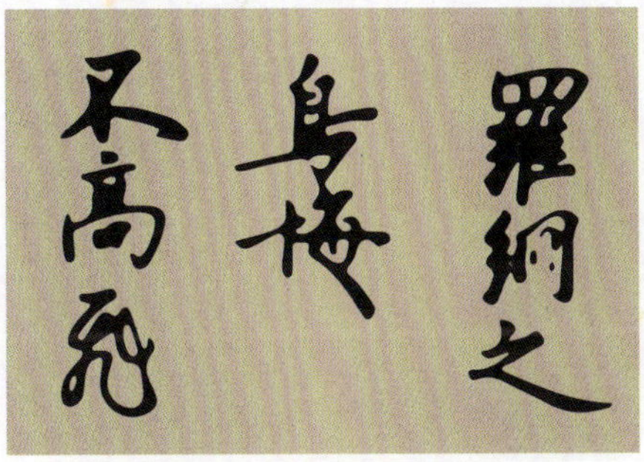
罗网之鸟　悔不高飞

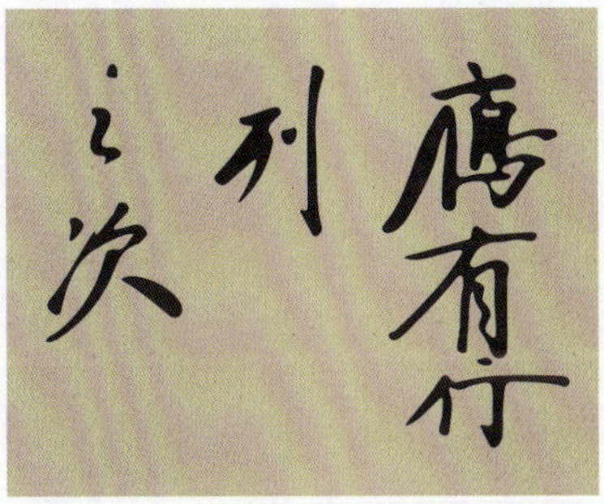
雁有行列之次

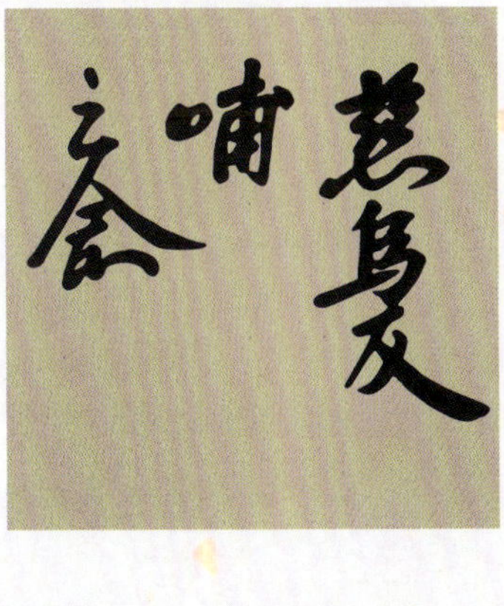
慈鸟反哺之念

日月升明　不照覆盆之下

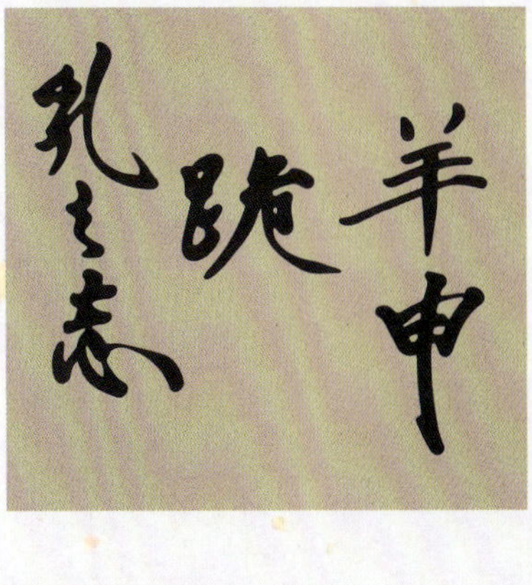
羊申跪乳之志

青釉褐彩『白玉非为宝』诗文执壶

唐（618—907）
高16.6厘米，底径7.1厘米
湖南博物院藏

撇口，直筒颈，溜肩，鼓腹，平底。肩前置八棱短流，后在肩颈间置弓形柄。此壶流下以褐彩书诗文一首：“白玉非为宝，千金我不须（需）。意念千张纸，心存万卷书。”表达了一心向学的志向，反映了唐代科举制对社会的深远影响。由于科举制是唐代选拔官员最主要的途径，于是形成了一种“万般皆下品，唯有读书高”的社会氛围。

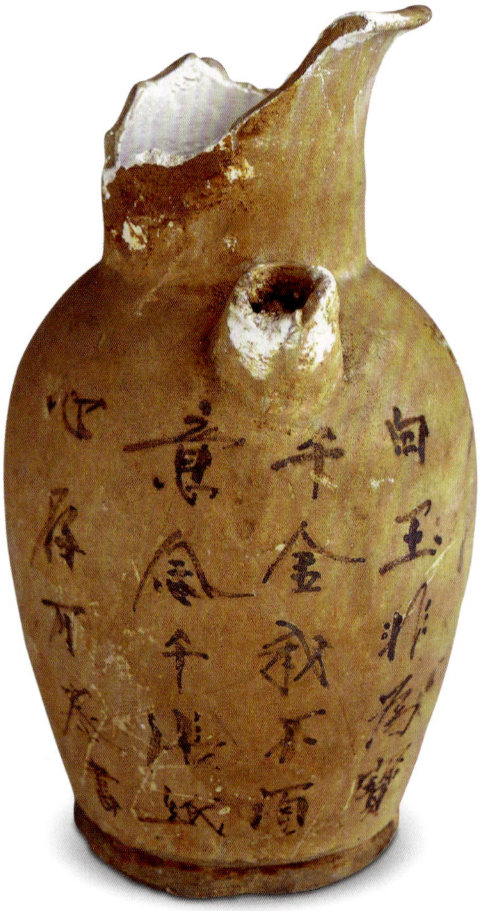

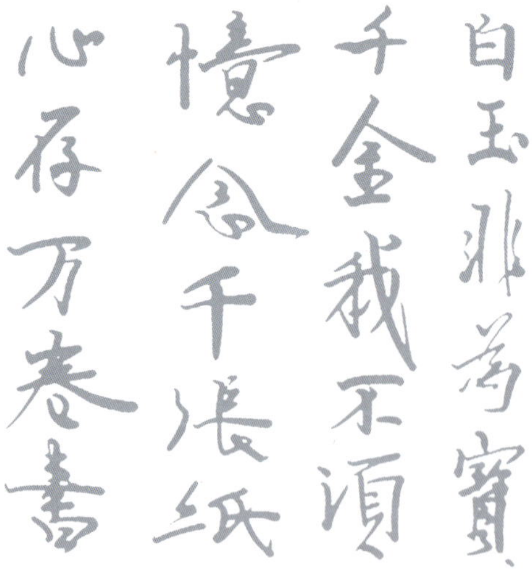

青釉褐彩『君生我未生』诗文执壶

唐（618—907）
二级
高17.5厘米，口径9.1厘米，底径10厘米
湖南博物院藏

撇口，直筒颈，溜肩，瓜棱形腹，平底。肩前置八棱短流，后在肩颈间置弓形柄。此壶流下以褐彩书诗文一首：“君生我未生，我生君已老。君恨我生迟，我恨君生早。”诗文用女子口吻，倾诉了与君苦恋却不能相伴终生的遗憾。全诗讲述爱情，却字字不提“爱”，情感表达朦胧细腻得恰到好处。

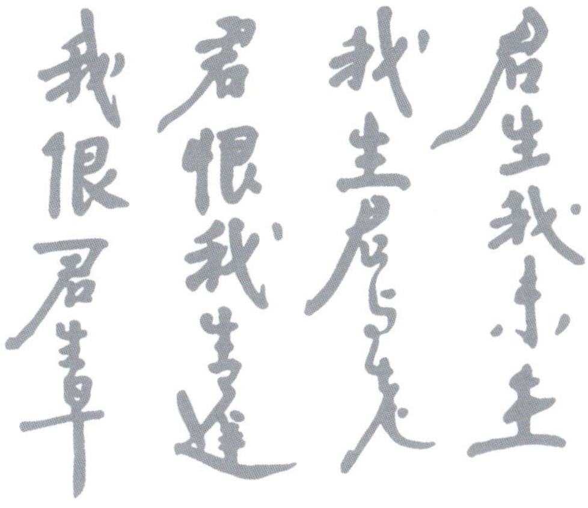

青釉褐彩『自入长信宫』诗文执壶

唐（618—907）
二级
高18厘米，口径9厘米，底径9.5厘米
湖南博物院藏

撇口，直筒颈，溜肩，瓜棱形腹，平底。肩前置八棱短流，后在肩颈间置弓形柄。此壶流下以褐彩书诗文一首：“自入长信宫，每对孤灯泣。闺门镇不开，梦从何处入。”长信宫，汉代宫殿名，成帝妃班婕妤被赵飞燕夺宠，恐怕见害，自求到长信宫去侍候太后，并作赋自伤冷落。

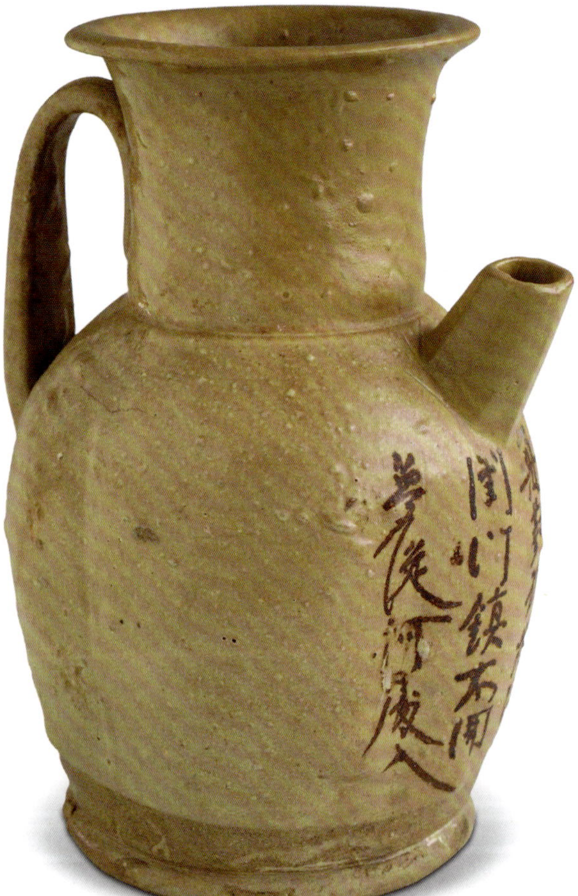

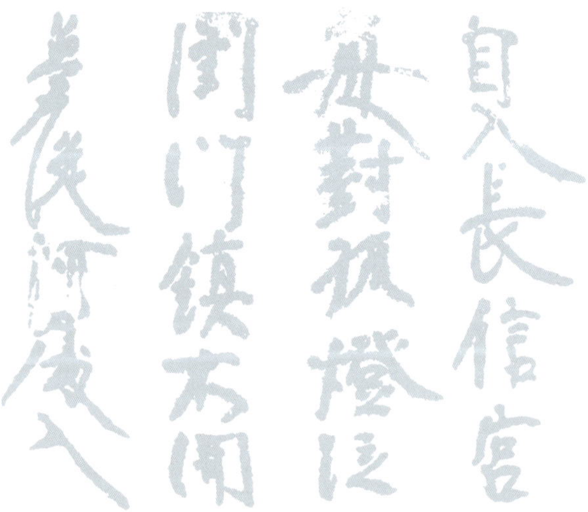

自入長信宮
每對孤燈泣
閨门鎮不開

青釉褐彩『一别行千里』诗文执壶

唐（618—907）
高21.8厘米，底径12厘米
湖南博物院藏

撇口，直筒颈，溜肩，瓜棱形腹，平底。肩前置八棱短流，后在肩颈间置弓形柄。流下以褐彩书写五言诗一首：“一别行千里，来时未有期。月中三十日，无夜不相思。”描写的是相思之苦。此诗在唐代诗人蔡辅《大德归京敢奉送别诗四首》中“一别萧萧行千里，来时悠悠未有期。一年三百六十日，无日无夜不相思”的基础上做了修改，但大致保留了原意。该诗也反映了长沙窑外销范围广阔。

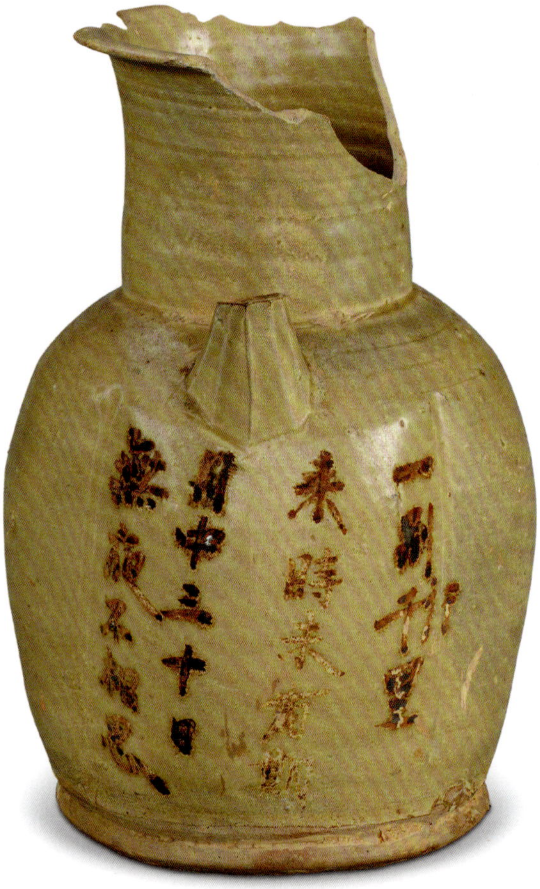

只愁啼鸟别
恨送古人多
去后看明月
风光处处过

青釉褐彩『只愁啼鸟别』诗文执壶

唐（618—907）
高25.1厘米，口径11.1厘米，
底径13.3厘米
湖南博物院藏

撇口，直筒颈，溜肩，瓜棱形腹，平底。肩前置八棱短流，后在肩颈间置弓形柄。此壶流下以褐彩书诗文一首：“只愁啼鸟别，恨送古人多。去后看明月，风光处处过。”诗文借啼鸟感怀离别之苦，诉送别亲友之情。

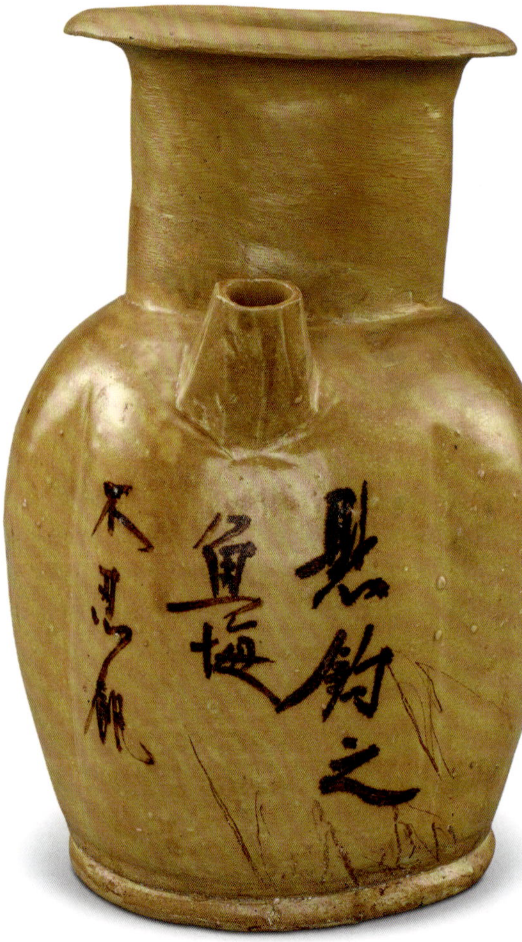

青釉褐彩『悬钓之鱼悔不忍饥』执壶

唐（618—907）
高23.1厘米，底径11.9厘米
湖南博物院藏

撇口，直筒颈，溜肩，瓜棱形腹，平底。肩前置八棱短流，后在肩颈间置弓形柄。此壶流下以褐彩书警句：“悬钓之鱼悔不忍饥。”长沙窑题写的名言警句虽不属于先贤著录，却是当时民间俚语的显证。这些词语被题写于瓷器上，用以警示人生，宣扬道德。

青釉褐彩『上有东流水』诗文碗

唐（618—907）
高3.7厘米，口径13.5厘米，底径4.3厘米
湖南博物院藏

敞口，圆唇，浅弧腹，圈足。碗内以褐彩书写：“上有东流水，下有好山林。主人好此宅，日日斗量金。”

青釉褐彩『上有东流水』诗文执壶

唐（618—907）
高20.8厘米，底径11厘米
湖南博物院藏

撇口，直筒颈，溜肩，瓜棱形腹，平底。肩前置八棱短流，后在肩颈间置弓形柄。流下以褐彩书诗文一首：“上有东流水，下有好山林。主人居此宅，日日斗量金。”或为住宅租赁买卖的广告诗，或为入住新居的祝福诗。

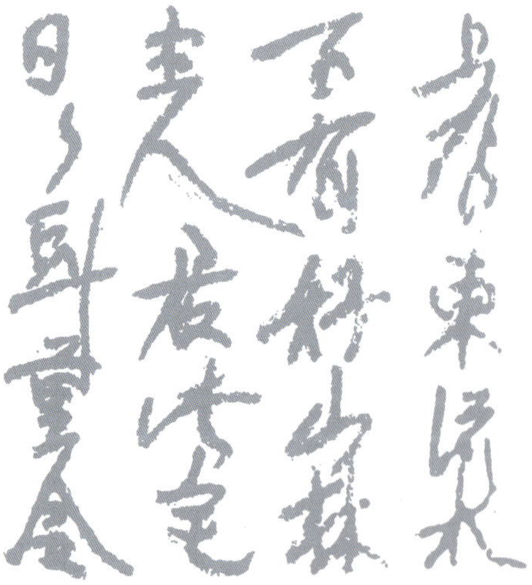

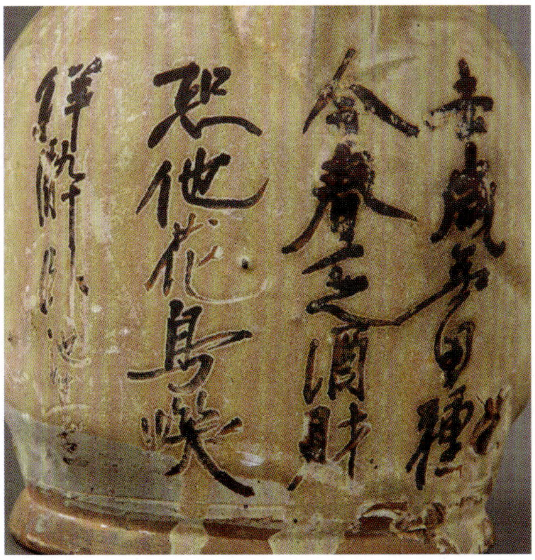

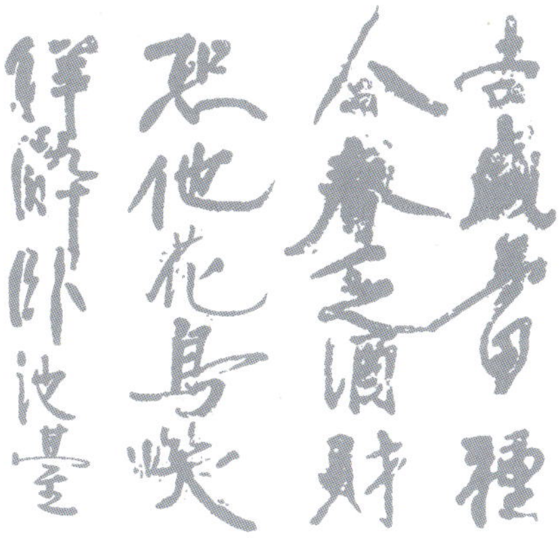

青釉褐彩『去岁无田种』诗文执壶

唐（618—907）
高17.9厘米，口径9厘米，底径10.2厘米
湖南博物院藏

撇口，直筒颈，溜肩，瓜棱形腹，平底。肩前置八棱短流，后在肩颈间置弓形柄。此壶流下以褐彩书诗文一首：“去岁无田种，今春乏酒财。恐他花鸟笑，佯醉卧池台。”这是一首酒诗，表达了诗人豁达的心态。

青釉褐彩『小水通大河』诗文壶

唐（618—907）
高17.7厘米，口径8.9厘米，底径9.4厘米
湖南博物院藏

撇口，直筒颈，溜肩，瓜棱形腹，平底。肩前置八棱短流，后在肩颈间置弓形柄。流下用褐彩书写五言诗一首：“小水通大河，山高鸟宿多。主人居此宅，曲路亦相过。”书法遒劲，诗意率真，为一首唐代的佚名诗，描述的是一种主客情谊。“小水通大河”说明长沙窑水运便利。

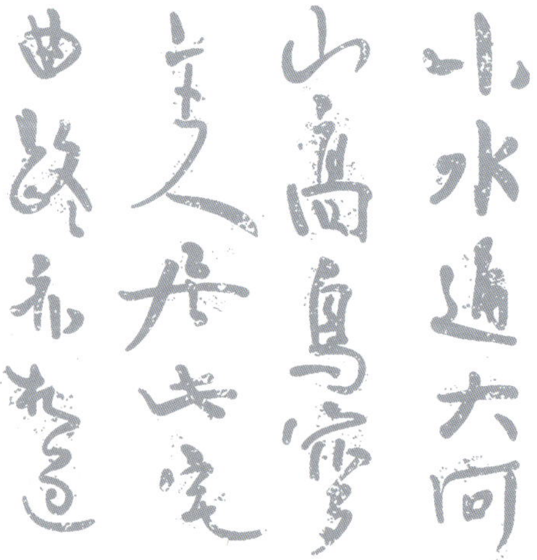

青釉褐彩『油瓶伍文』双系壶

唐（618—907）
高18.4厘米，底径10.5厘米
湖南博物院藏

盘口，束颈，溜肩，弧腹，短流，平底。此壶流下以褐彩书“油瓶伍文”四字。“油瓶”表明此壶功用，“伍文”为油瓶的定价，五文在当时约为1.2斤米的价格，可见长沙窑瓷器价格低廉，是满足普通平民之需的日用瓷器。

意笔抒怀

长沙窑注重借鉴中国书画的笔墨传统，以形写意，讲究韵律，形成了独特的装饰风格，开创了中国彩瓷文化的先河。长沙窑彩绘题材十分丰富，有兽纹、鸟纹、云气纹、植物纹等，生动再现了唐代的多姿多彩与流行风尚，在中国古代绘画史、工艺美术史上具有重要的地位。

长沙窑瓷器绘画的主要纹饰

兽纹

鸟纹

云气纹

植物纹

长沙窑瓷器绘画的主要纹饰

长沙窑青釉褐绿彩茅庐纹壶（局部）
1983年长沙窑窑址出土

榆林窟第25窟—北壁《弥勒经变》（局部）
中唐

茅庐纹

长沙窑瓷绘中的茅庐纹，茅庐简易精巧，似有隐士深居其中，有水墨山水图的意境。在敦煌壁画中，亦绘有类似茅庐建于山林之间，为古人在户外修行所用。

龙纹

长沙窑瓷绘龙纹的形态多为弓背仰首、四足健硕，呈奔走之势，这种走兽形龙是唐代龙纹的典型式样。龙是中国神话中一种善变化、能兴云雨、利万物的神异动物。

长沙窑青釉褐绿彩龙纹壶
长沙博物馆藏

长沙窑青釉褐绿彩龙纹壶
湖南博物院藏

人物纹

绘有人物纹的长沙窑瓷器目前存世不多，主要出现在壶、罐上，内容有“竹林七贤”、“婴戏图”、仕女、胡人等。

长沙窑青釉褐彩童子莲纹壶
故宫博物院藏

长沙窑青釉褐彩“竹林七贤”诗文罐
长沙博物馆藏

长沙窑褐绿彩人物纹盆（残片）
湖南省文物考古研究所藏

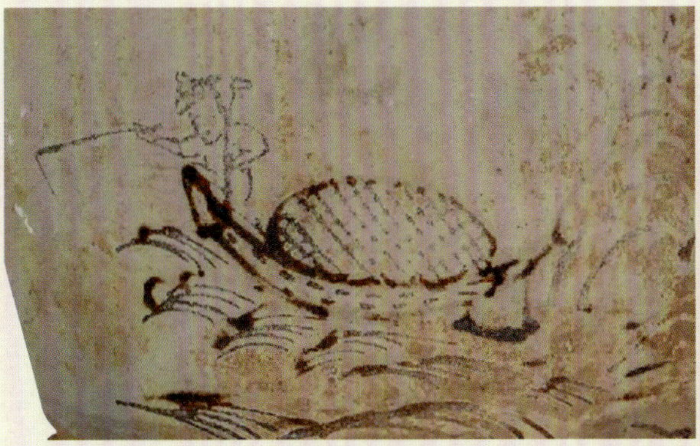

长沙窑青釉褐彩江上垂钓纹壶（局部）
长沙博物馆藏

长沙窑青釉褐绿彩帆船壶（局部）
香港中文大学文物馆藏

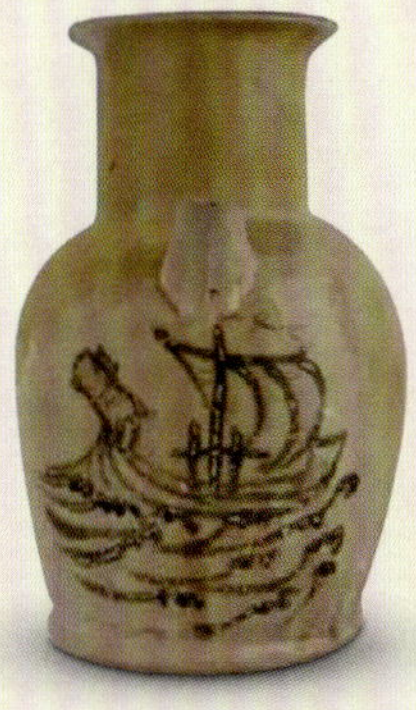

长沙窑青釉褐绿彩帆船纹执壶
上海博物馆藏

船纹

长沙窑瓷绘中有描绘不同样式的船纹。唐代造船技术的成熟为长沙窑的销售运输特别是跨海的远程外销提供了必要的条件。

山水纹

长沙窑瓷绘山水纹的表现手法有线条勾勒、泼彩等。线条勾勒是通过骨法用笔，描绘层峦叠嶂的景象。泼彩是充分利用釉彩流淌的特性描绘山峦，使之形成与泼彩山水画相似的视觉效果，在此基础上往往用褐釉随形勾画出山石的造型，并缀以意象的小树成画。

长沙窑白釉绿彩写意纹壶
湖南博物院藏

长沙窑青釉褐绿彩山水纹罐
湖南省文物考古研究所藏

长沙窑瓷以彩饰著称，多以褐、绿两彩相间，再配合几何纹、植物纹、动物纹等，组成各种图案，具有较强的装饰效果，增添了器物的艺术美感。

青釉褐彩荷叶纹碟

唐（618—907）
三级
高3.1厘米，口径15厘米，底径4.7厘米
湖南博物院藏

敞口，圆唇，浅弧腹，圈足。施青釉，足端露胎。此碟碟心以褐彩绘荷叶纹，荷叶刻画线条流畅，姿态摇曳，四周蜂蝶环绕花间，似有扑鼻花香。画面构图疏朗，静中寓动，可见画师绘画技术之熟稔。

青釉褐绿彩瓷钵

唐（618—907）
高5.4厘米，口径14.8厘米，底径5.5厘米
湖南博物院藏

敛口，深弧腹，圈足。此钵口沿以褐彩绘短线纹三组，钵内褐绿彩绘瓜果纹。

青釉褐彩莲花纹碟

唐（618—907）
高4厘米，口径15厘米
湖南博物院藏

敞口，浅折腹，圈足。口沿修削成四出葵口。此碟口沿以褐彩点绘短线纹四组，两两相对，碟心露胎处以褐彩绘一朵绽放的莲花，笔法劲利，线条流畅。

青釉褐绿彩莲花纹执壶

唐（618—907）
二级
高19.7厘米，口径9.9厘米，底径11.8厘米
湖南博物院藏

撇口，直筒颈，溜肩，瓜棱形腹，平底。肩前置八棱短流，后在肩颈间置弓形柄。施青釉，釉不及底。此壶流下以褐绿彩绘莲花纹，两侧宽阔的荷叶轻摆，其间一枝莲花绽放，形态生动，色泽淡雅，笔法洗练，赏心悦目。

青釉褐绿彩莲花纹执壶

唐（618—907）
高22厘米，口径10.5厘米，底径12厘米
湖南博物院藏

撇口，直筒颈，溜肩，瓜棱形腹，平底。肩前置八棱短流，后在肩颈间置弓形柄。施青釉，釉不及底。此壶流下以褐绿彩绘两朵尚未盛放的莲花骨朵，在两片莲叶的衬托下，呈现出一幅“小荷才露尖尖角，早有蜻蜓立上头”的夏日池塘之景。

青釉褐绿彩花果纹敛口钵

唐（618—907）
二级
高4.5厘米，口径13厘米，底径5厘米
胡飞先生捐赠
湖南博物院藏

敛口，深弧腹，圈足。此钵口沿以褐彩绘短线纹四组，两两相对，钵内褐绿彩绘瓜果纹，果实丰硕饱满。画师于钵内绘画，所绘瓜果线条流畅细腻，反映出其娴熟的绘画技艺。

青釉褐绿彩云气纹执壶

唐（618—907）
高21.8厘米，口径10.3厘米，底径12厘米
中国（海南）南海博物馆藏

撇口，直筒颈，溜肩，瓜棱形腹，平底。肩前置八棱短流，后在在肩颈间置弓形柄。施青釉，釉不及底。此壶流下以红彩绘云气纹。

青釉褐红彩云气纹执壶

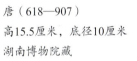

唐（618—907）
高15.5厘米，底径10厘米
湖南博物院藏

撇口，直筒颈，溜肩，瓜棱形腹，平底。肩前置八棱短流，后在肩颈间置弓形柄。施青釉，釉不及底。此壶流下以红彩绘一朵长尾卷云纹，下有散开的浮云衬托。纹饰以褐彩勾勒线条，再用红彩填彩，红彩呈色纯正。云气纹在古代中国为吉祥图案，象征高升、如意，运用广泛，同时期的敦煌壁画亦绘有大量云气纹，跟长沙窑的云气纹画法十分接近。

青釉褐绿彩大碗

唐（618—907）
三级
口径（宽）31.9厘米，口径（窄）27厘米
湖南博物院藏

敞口，浅弧腹，圈足。器物整体有略微形变。通体施青釉。碗底以褐绿彩绘有云山纹。

青釉褐绿彩瓜果纹执壶

唐（618—907）
残高23.5厘米，底径12.1厘米
湖南博物院藏

撇口，直筒颈，溜肩，瓜棱形腹，平底。肩前置八棱短流，后在肩颈间置弓形柄。施青釉，釉不及底。此壶流下以褐绿彩绘热带瓜果纹，褐线细描轮廓，绿彩稍加渲染，枝叶在风中轻摆，刚柔相济，浓淡相宜。

青釉褐绿彩花卉纹执壶

唐（618—907）
高22.5厘米，口径9厘米，底径10.9厘米
湖南博物院藏

撇口，直筒颈，溜肩，瓜棱形腹，平底。肩前置八棱短流，后在肩颈间置弓形柄。施青釉，釉不及底。此壶流下以褐绿彩绘花卉纹，花蕊上书一“卐”字。“卐”字是古代印度宗教的吉祥标志，在中国多与佛教有关，佛经中又写作“卍”，唐代武则天将“卐”定为右旋，定音为“万”，意为“吉祥万德之所集”。

青釉褐绿彩花卉纹执壶

唐（618—907）
高18厘米，口径8.5厘米，底径9.5厘米
湖南博物院藏

撇口，直筒颈，溜肩，瓜棱形腹，平底。肩前置八棱短流，后在肩颈间置弓形柄。施青釉，釉不及底。此壶流下以褐绿彩绘花卉纹，随风摇曳，花姿绰约。

青釉褐绿彩兰草纹执壶

唐（618—907）
高15.4厘米，口径7.2厘米，底径7.9厘米
湖南博物院藏

撇口，直筒颈，溜肩，瓜棱形腹，平底。肩前置八棱短流，后在肩颈间置弓形柄。施青釉，釉不及底。此壶流下以褐绿彩绘两组并列的兰草纹，微风吹来，花枝摇曳，用笔粗中有细，灵动美观。

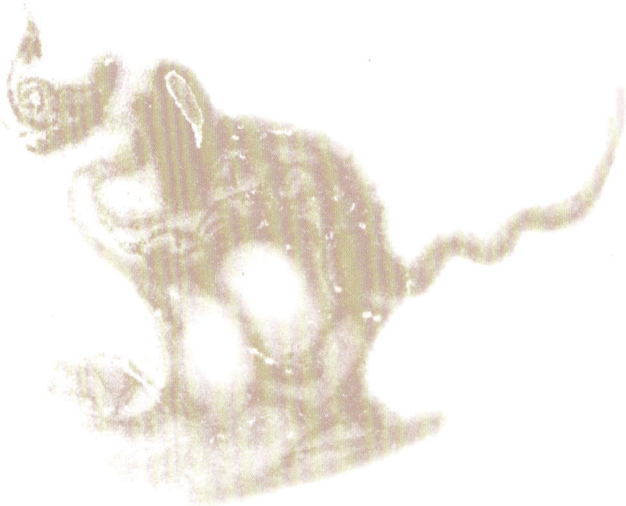

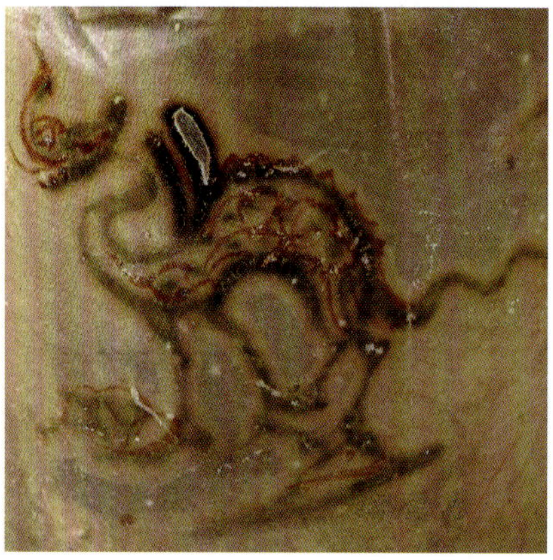

青釉褐绿彩龙纹执壶

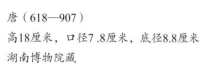

唐（618—907）
高18厘米，口径7.8厘米，底径8.8厘米
湖南博物院藏

撇口，直筒颈，溜肩，瓜棱形腹，平底。肩前置八棱短流，后在肩颈间置弓形柄。施青釉，釉不及底。此壶流下以褐绿彩绘一条奔龙，昂首张嘴吐舌，双足力蹬前行，长尾上卷。这种走兽形龙是唐代龙纹的典型式样。龙是中国神话中一种善变化、能兴云雨、利万物的神异动物，是中华民族的图腾。

青釉褐彩花鸟纹执壶

唐（618—907）
二级
高23厘米，口径10.5—10.7厘米
湖南博物院藏

撇口，直筒颈，溜肩，瓜棱形腹，平底。肩前置八棱短流，后在肩颈间置弓形柄。施青釉，釉不及底。此壶流下以褐绿彩绘一小鸟立在花草丛中，眼睛炯炯有神。长沙窑绘画取材于生活，兼具写实与写意，生动而具体，反映出唐代花鸟绘画技术的成熟。

青釉褐绿彩凤纹执壶

唐（618—907）
高19.1厘米，口径9.3厘米，底径9.8厘米
湖南博物院藏

撇口，直筒颈，溜肩，瓜棱形腹，平底。肩前置八棱短流，后在肩颈间置弓形柄。施青釉，釉不及底。此壶流下以褐绿彩绘一站立于花草旁的凤鸟，凤鸟昂首挺胸，凤尾上翘，似在驻足倾听，花间枝叶和鸟羽随风轻扬，意境动人。

青釉褐绿彩茅庐纹执壶

唐（618—907）
高21.3厘米，口径10.7厘米，底径12.4厘米
湖南博物院藏

撇口，直筒颈，溜肩，瓜棱形腹，平底。肩前置八棱短流，后在肩颈间置弓形柄。施青釉，釉不及底。此壶流下以褐绿彩绘一座茅庐，茅庐两侧点缀树木。

青釉褐绿彩奔鹿纹执壶

唐（618—907）
高20.5厘米，底径11.8厘米
湖南博物院藏

撇口，直筒颈，溜肩，瓜棱形腹，平底。肩前置八棱短流，后在肩颈间置弓形柄。施青釉，釉不及底。此壶流下以褐绿彩绘一只奔鹿，前足奋力蹬腾于花间，形体优美，憨态可掬，色彩浓重。长沙窑瓷画中的鹿多为奔鹿，将鹿胆小、机警、活泼的特征表现得淋漓尽致。鹿是唐代绘画的常见题材，在敦煌壁画上有神鹿的出现。鹿也具有一定的宗教色彩，是佛教燃灯古佛和道教寿星的坐骑。

青釉红绿彩茅庐纹执壶

唐（618—907）
高22厘米，口径10.3厘米，底径11.7厘米
湖南博物院藏

撇口，直筒颈，溜肩，瓜棱形腹，平底。肩前置八棱短流，后在肩颈间置弓形柄。施青釉，釉不及底。此壶流下以红绿彩绘树中茅庐，茅庐简易精巧，似有隐士深居其中，极有水墨山水图的意境。在敦煌壁画中，亦绘有修行者盘坐于茅庐之内，故推测瓷画中的茅庐与佛教有关，为佛教徒在户外修行所用。

青釉褐彩卧狮纹执壶

唐（618—907）
二级
高22.3厘米，底径11.2厘米
湖南博物院藏

撇口，直筒颈，溜肩，瓜棱形腹，平底。肩前置八棱短流，后在肩颈间置弓形柄。施青釉，釉不及底。此壶流下以褐彩线条勾勒一雄狮伏卧于地，鬃毛长垂，双目前视，神态温顺。狮子自汉代从西域传入，后逐渐融入到中国传统文化中，成为祥瑞之兽而广泛出现在各种器物装饰上。长沙窑除诗文全以褐彩书写外，绘画基本都是用褐绿彩共同绘就，这种只见褐彩勾勒不加填彩的方式恰如中国画的白描，在长沙窑中罕见。

青釉绿彩塔纹背壶

唐（618—907）

二级

高24.8厘米，口径3.4厘米，底径11.3厘米

湖南博物院藏

小口直颈，椭圆深腹，假圈足，平底。肩部前置八棱短流，后配弓形小柄。器身两侧从肩至颈部的中腹，略向内凹，上下各置桥形系，可穿带，类似背壶。器身前后稍显平坦。此壶正面以绿彩绘七级佛塔，两边有树高耸入云，反映了“天下名山僧占尽”的佛教盛况。佛塔起源于古印度，用于珍藏佛家舍利子和供奉佛像、佛经。七层佛塔是最高等级的佛塔，即“七级浮屠”。唐代时佛教发展盛况空前，莲花、塔、摩羯等各种佛教题材都成为器物上的常见装饰纹样。

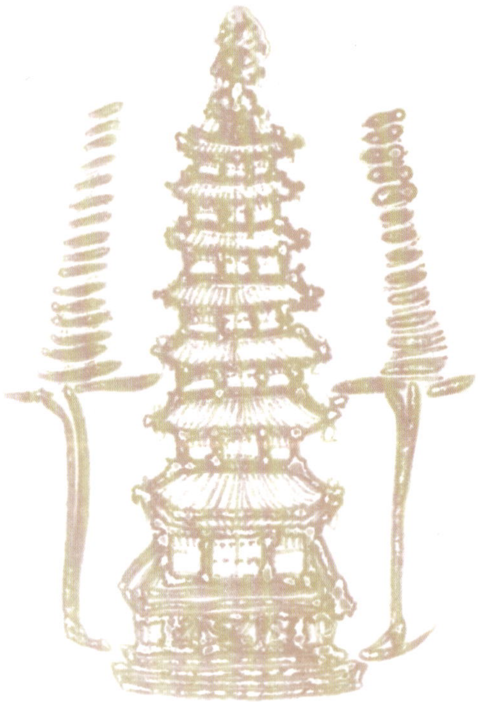

青釉褐绿彩鹭鸶纹执壶

唐（618—907）
高21.8厘米，底径10.2厘米
湖南博物院藏

撇口，直筒颈，溜肩，瓜棱形腹，平底。肩前置八棱短流，后在肩颈间置弓形柄。施青釉，釉不及底。此壶流下褐绿彩绘一鹭鸶，旁辅有三株草叶，鹭鸶曲颈昂首，展翅欲飞，草叶自然而有生机。

青釉褐绿彩花鸟纹执壶

唐（618—907）
二级
高22.4厘米，口径11厘米，底径12.1厘米
湖南博物院藏

撇口，直筒颈，溜肩，瓜棱形腹，平底。肩前置八棱短流，后在肩颈间置弓形柄。施青釉，釉不及底。此壶流下以褐绿彩绘一小鸟立于花草之上，抬头啼叫，造型活泼。构图主次分明，营造出一幅鸟语花香的画面，野趣十足。

青釉褐绿彩云鹤纹执壶

唐（618—907）

三级

高24.2厘米，口径11.1厘米，底径13.5厘米

湖南博物院藏

撇口，直筒颈，溜肩，瓜棱形腹，平底。肩前置八棱短流，后在肩颈间置弓形柄。施青釉，釉不及底。此壶流下以褐绿彩绘云鹤纹，云鹤形体优美，在花草丛中展翅欲飞，既有动感，又留下充足的想象空间。

青釉褐绿彩大雁纹执壶

唐（618—907）
高20.5厘米，底径11.8厘米
湖南博物院藏

撇口，直筒颈，溜肩，瓜棱形腹，平底。肩前置八棱短流，后在肩颈间置弓形柄。施青釉，釉不及底。长沙窑的画师们善于捕捉动物的瞬间姿态，进行加工提炼。此壶流下以褐绿彩绘一大雁，滑翔俯冲，似水中觅食，构图巧妙，一幅生机盎然的自然景象跃然眼前。

青釉褐绿彩鹭鸶纹执壶

唐（618—907）

高21厘米，口径11.2厘米，底径11.7厘米

湖南博物院藏

撇口，直筒颈，溜肩，瓜棱形腹，平底。肩前置八棱短流，后在肩颈间置弓形柄。施青釉，釉不及底。此壶流下以褐绿彩绘鹭鸶纹，所勾勒轮廓流畅生动，绿彩渲染浓淡相宜，鹭鸶低头行走于浅滩之上，芦苇迎风飘曳，仿若再现了唐代诗人郑谷《鹭鸶》中的场景：“闲立春塘烟淡淡，静眠寒苇雨飕飕。”

青釉褐绿彩花鸟纹执壶

唐（618—907）
高19.5厘米，底径11.4厘米
湖南博物院藏

撇口，直筒颈，溜肩，瓜棱形腹，平底。肩前置八棱短流，后在肩颈间置弓形柄。施青釉，釉不及底。此壶流下以褐绿彩绘花鸟纹，小鸟伫立于花叶间，回首观望，似在呼朋引伴，神态活灵活现，寥寥数笔勾勒出轻盈之态，灵动之气跃然瓷上。

青釉褐绿彩花鸟纹执壶

唐（618—907）
高22.5厘米，口径11.8厘米，底径13.2厘米
湖南博物院藏

撇口，直筒颈，溜肩，瓜棱形腹，平底。肩前置八棱短流，后在肩颈间置弓形柄。施青釉，釉不及底。此壶流下腹部以褐绿彩绘花鸟纹，小鸟身躯丰满，昂首张望，似有所盼，花鸟和谐成趣。

青釉褐绿彩花鸟纹执壶

唐（618—907）
高23.1厘米，口径10.6厘米，底径12.5厘米
湖南博物院藏

撇口，直筒颈，溜肩，瓜棱形腹，平底。肩前置八棱短流，后在肩颈间置弓形柄。施青釉，釉不及底。此壶流下以褐绿彩绘一飞鸟正昂首振翅飞翔，辅以草叶纹。鸟儿羽翼丰满，尾翼修长，画面简洁生动，粗细相间，营造出一幅鸟语花香的画面。

青釉褐绿彩飞凤纹执壶

唐（618—907）

一级

高23厘米，口径10.7厘米，底径12—12.3厘米

湖南博物院藏

撇口，直筒颈，溜肩，瓜棱形腹，平底。肩前置八棱短流，后在肩颈间置弓形柄。施青釉，釉不及底。此壶流下以褐绿彩绘一振翅欲飞的凤鸟，凤鸟高冠长喙，凤尾摇曳。整幅画面构图简洁生动，用笔精准，描绘出凤鸟“皎皎鸾凤姿，飘飘神仙气”的优美体态。凤凰是古代传说中的神鸟，居百鸟之首，寓意祥瑞。雄为凤，雌为凰。从远古开始，凤凰纹饰便出现在各类器物上，作为绘画素材，大量应用始于唐代，长沙窑瓷器乃集大成者。

青釉褐绿彩花鸟纹执壶

唐（618—907）
三级
高17.5厘米，口径9.5厘米
湖南博物院藏

撇口，直筒颈，溜肩，瓜棱形腹，平底。肩前置八棱短流，后在肩颈间置弓形柄。施青釉，釉不及底。此壶流下以褐绿彩绘一小鸟振翅飞翔在山峦之上，栩栩如生。

青釉褐绿彩雁纹执壶

唐（618—907）
高18.2厘米，口径9.8厘米，底径10.2厘米
湖南博物院藏

撇口，直筒颈，溜肩，瓜棱形腹，平底。肩前置八棱短流，后在肩颈间置弓形柄。施青釉，釉不及底。此壶流下以褐绿彩绘一只展翅飞翔的大雁，下方绘两组花果纹。画面构图简洁生动，和谐统一，对大雁优美体态的描绘恰到好处。

青釉褐绿彩花鸟纹执壶

唐（618—907）
高19.5厘米，口径9.7厘米，底径11.3厘米
湖南博物院藏

撇口，直筒颈，溜肩，瓜棱形腹，平底。肩前置八棱短流，后在肩颈间置弓形柄。施青釉，釉不及底。此壶流下以褐绿彩绘一只飞鸟从花间跃起向天际飞去，线条灵动，构图主次分明，寥寥数笔，传神之态跃然瓷上，颇具生活情趣。

青釉褐绿彩云气纹执壶

唐（618—907）
高22.9厘米，口径9.7厘米，
底径11.4厘米
湖南博物院藏

撇口，直筒颈，溜肩，瓜棱形腹，平底。肩前置八棱短流，后在肩颈间置弓形柄。施青釉，釉不及底。此壶流下以褐绿彩绘云气纹，云彩下有几座远山，云气急卷，山峰飘渺，构图巧妙。

第三单元

大舟有深利

沧海无浅波，利深波也深。
君意竟如何，鲸鲵齿上路。
何如少经过。

《贾客》 唐·黄滔

唐中后期，陆上丝绸之路因战乱屡遭梗阻，加之中国经济重心南移、造船和航海技术快速发展等原因，海上丝绸之路逐渐成为东西方交往的主要通道。长沙窑以市场为导向，广泛吸收域外文化因素，积极开拓海外市场，其产品大量远销海外，为推动唐代的海外贸易发展和中西文化的交流发挥了重要的作用。

域外风情

作为唐代重要的外销窑口，长沙窑广泛吸收域外文化因素并运用到瓷器装饰中，包括以莲花纹、椰枣纹为代表的植物纹；以狮子纹、摩羯纹为代表的动物纹；以胡人乐舞纹为代表的人物纹；以点彩、直线或放射状线、连弧纹为代表的几何抽象图案；以阿拉伯文为代表的文字装饰，体现了唐代对外贸易和经济文化交流的繁荣。

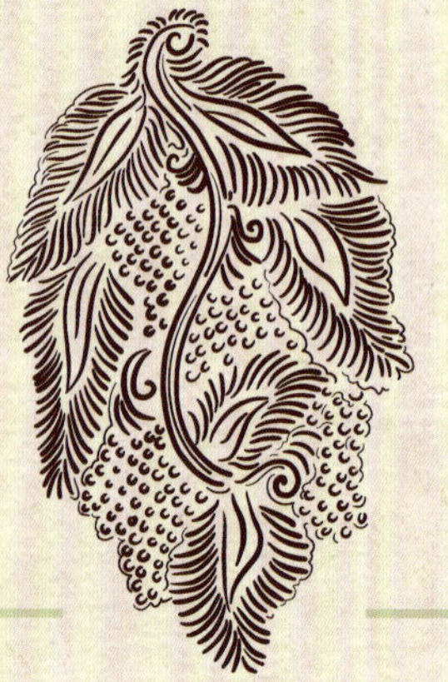

椰枣纹贴花

椰枣树是西亚地区常见果树，树形美观，高大挺拔，其叶片羽状，果实成串，具有丰富的营养价值。长沙窑工匠们将这种造型特点突出、异域色彩浓烈的植物通过模印贴花的技艺装饰产品，以迎合域外客户的审美需求。

人物纹贴花

长沙窑瓷器上的人物纹贴花形象生动，具有浓厚的胡风。主要表现的内容有武士、骑士、乐手、舞者等。其中武士常见为神态威严、手持武器的正面形象；骑士常作技击状或腾跃状；乐手和舞者身着异域服饰，常作立于蒲团之上的动感姿态，这类造型在唐代其他形式雕刻上也有体现。

狮子纹贴花

长沙窑瓷器上的“狮子”有彩绘和贴花两种主要的工艺表现形式，形态丰富各异。模印贴花中的狮子，有些作立状；有些置于蒲团之上，与“宝塔”和“舞者”组合，展现浓厚的异域色彩。

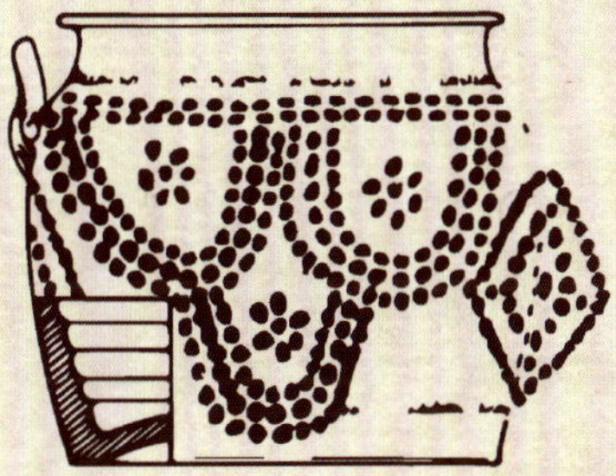

联珠纹

联珠纹是西亚地区常见的装饰手法，多见于波斯锦、金银器以及伊斯兰釉陶器上。长沙窑瓷器以点彩为主的手法表现联珠纹，通常以褐彩与绿彩相间的联珠线条通过疏密有致的排列组成丰富多样的图案。

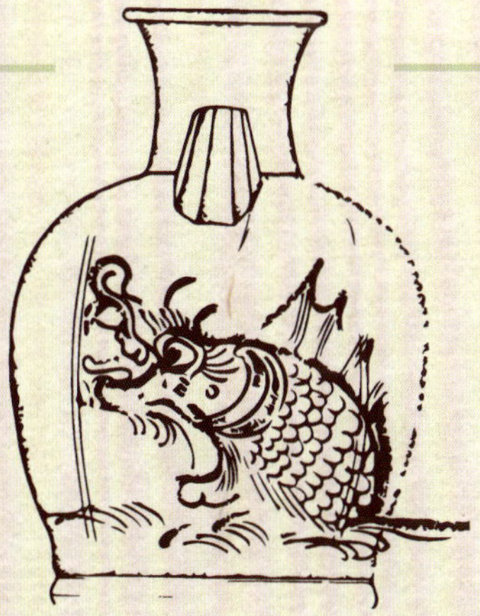

摩羯纹

摩羯，亦称“摩伽罗”，为梵语译音。其形象为一种兽头、长鼻、利齿、鱼身鱼尾的动物，被认为是河水之精、生命之本，有着翻江倒海的神力。在唐代，摩羯纹饰广泛运用在各式器物上，长沙窑上的摩羯纹通常配以云气纹，形成一种瑞兽与祥云的组合搭配。

阿拉伯文

西亚地区常见以阿拉伯文作为装饰的瓷器，长沙窑瓷器可能受此影响或者接受来样定制。长沙窑匠人们以熟练且洒脱的意笔手法将阿拉伯文运用于瓷器的纹饰中，有时还会用云纹或卷草纹加以点缀。

模印贴花技术

模印贴花为长沙窑瓷器的特色装饰之一，是集绘画、雕刻、翻模等多种技艺为一体的装饰手法，其最大优点是可重复制作、批量生产，极大地提高了劳动效率。长沙窑贴花装饰手法多样、题材广泛，其风格具有浓郁的域外文化色彩。

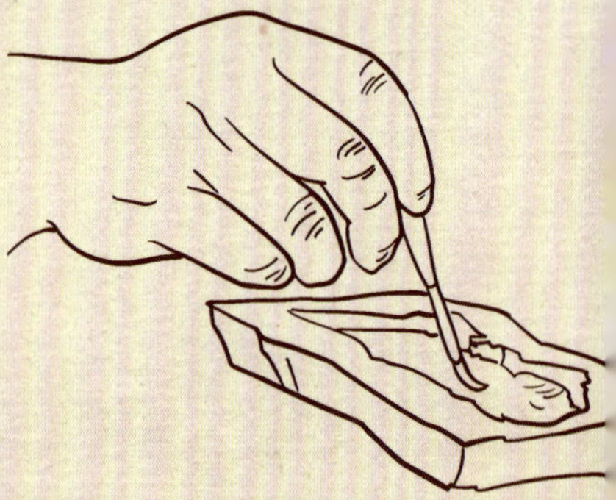

一

在模具上涂少许脱模剂（食用油）

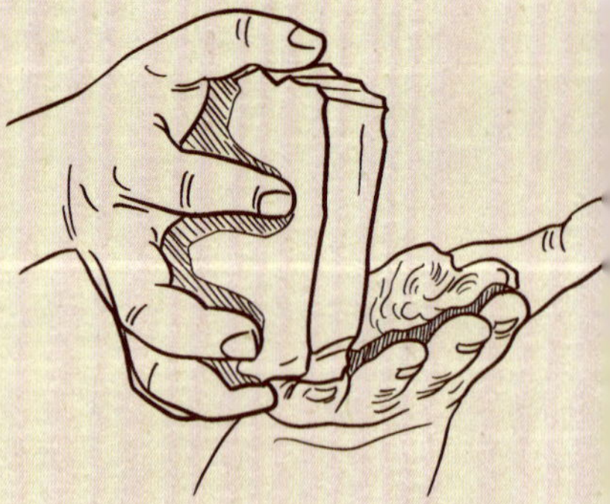

四

揭取印有图案纹饰的泥皮

模印贴花工艺主要步骤示意图

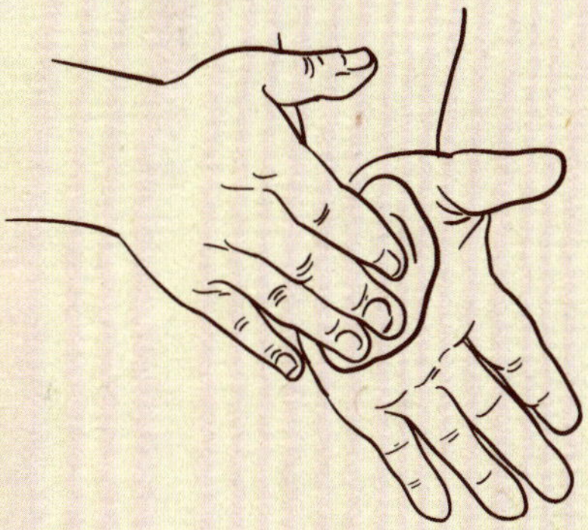

二

取一定量的瓷泥搓揉

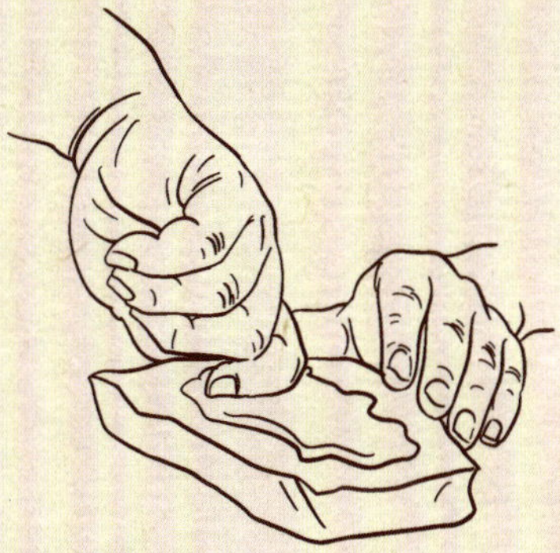

三

将泥料填满模具，压紧、抹平

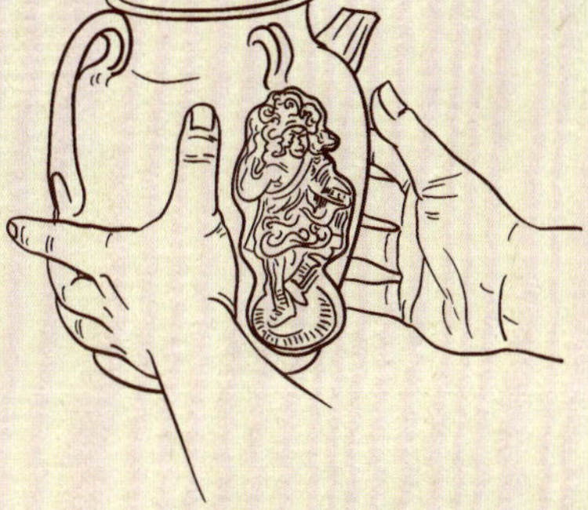

五

将印有图案纹饰的泥皮背面沾水贴在器物上

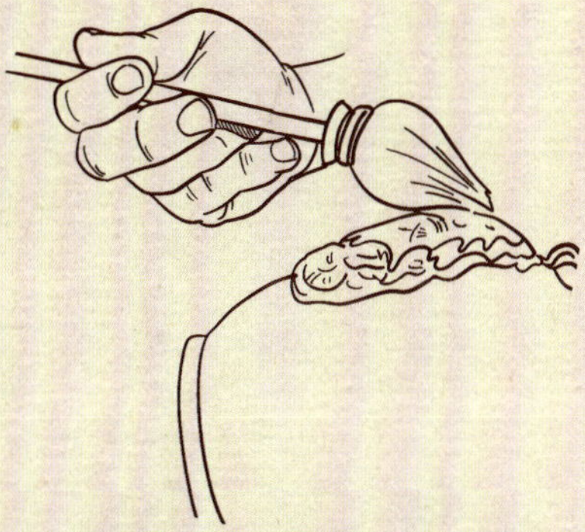

六

在器物的贴花处施以褐色釉彩

狮子曾广泛分布在中亚、西亚地区，汉代经“丝绸之路”传入中国后，唐时已全面融入物质文化领域，逐渐形成了我国独特的“狮文化”。长沙窑瓷器上的狮子有彩绘、贴花两种主要的装饰手法，狮子图案形态各异，为中西文明的交流互鉴提供了珍贵的实物资料。

青釉模印贴花坐狮纹执壶

唐（618—907）
二级
高19.5厘米，口径8.5厘米，底径11.5厘米
湖南博物院藏

青釉模印贴花『张』字纹执壶

唐（618—907）
一级
高22.5厘米，口径5厘米，底径15厘米
湖南博物院藏

流及两系下分别粘贴三块模印花纹，并涂以褐斑。一块为坐狮，另两块为椰枣图案，一椰枣图案与坐狮正中分别有一“张”字，当是作坊主的姓。显然有“物勒工名”借此推销之意。椰枣为西亚常见果树，也是长沙窑模印贴花常见的内容之一。

青釉褐绿彩执壶

唐（618—907）
一级
高22.8厘米，口径7.8厘米，底径14厘米
湖南博物院藏

器身以褐绿彩联珠纹组成重叠的半圆形，似写意山峦。联珠纹是西亚民族常用的装饰纹样，多见于波斯锦、金银器以及伊斯兰釉陶器上，反映了西亚文化对长沙窑的影响。

青釉模印贴花人物纹执壶

唐（618—907）
一级
高16.4厘米，口径5.8厘米，底径9.9厘米
湖南博物院藏

长沙窑胎装饰以模印贴花最具特色。该器在两系及流下分别饰以三块模印贴花的人物图案，流下为一女子袒胸披纱，纹褶飘逸流动，站于蒲团之上，扭动身体，婆娑起舞，应是唐代流行的胡旋舞，右为胡人吹筚篥，左为塔形建筑，这些纹饰均与西亚文化有关，是唐代中外文化交流的见证。正如唐代诗人元稹《法曲》所云："胡音胡骑与胡妆，五十年来竞纷泊。"

青釉褐绿彩联珠纹陶钵

唐（618—907）
残高12.5厘米，口缘残宽15厘米
湖南博物院藏

陶钵残体，敞口微撇，深弧腹。施青釉，外壁绘有褐绿彩联珠纹。

印模是模印贴花工艺中的重要部件，多以瓷泥、陶土制成，呈小砖块等多种形状，在待将干之时，在模具上凹刻椰枣、龙纹等各种纹饰，再经高温焙烧而成。为了迎合客户喜好，长沙窑大量吸收了异域色彩浓烈的椰枣纹图案作为产品的装饰，“黑石号”出水模印贴花纹饰28种以上，其中椰枣纹约占25种。椰枣图案洋溢着浓郁的异域风情，为唐代外来文化传入的重要例证。

椰枣纹印模

唐（618—907）
长10.6厘米，宽7.4厘米，厚2.6厘米
湖南博物院藏

青釉模印贴花椰枣纹执壶

唐（618—907）
高21.3厘米，口径7.1厘米，底径16厘米
中国（海南）南海博物馆藏

撇口，束颈，溜肩，直腹，平底。肩部前置八棱短流，两侧各安一桥形系，系中有条状凸起，流对侧肩、颈间安弓形柄。流与两系下各饰一个模印贴花椰枣纹，贴花上施褐斑。浅灰胎，内口沿与外壁施青釉，外壁施釉不及底。

青釉模印贴花椰枣纹执壶

唐（618—907）
高17.8厘米，口径9.4厘米，底径12.5厘米
湖南博物院藏

撇口，短直颈，溜肩，直腹，平底。肩部前置八棱短流，两侧各安一桥形系，系中有条状凸起，流对侧肩、颈间安弓形柄。腹部饰以椰枣纹贴花，并在贴花处涂一块褐斑。褐斑、贴花为唐代长沙窑瓷器上常见的装饰手法之一，具有突出贴花的视觉效果。

青釉褐彩联珠纹双系罐

唐（618—907）
二级
高17.5厘米，口径12.5厘米，底径13.3厘米
湖南博物院藏

唇沿外卷，短直颈，溜肩，斜直腹，平底。肩附拱形双系。施青釉，以褐彩绘制联珠几何纹。

青釉褐彩联珠纹狮形水盂

唐（618—907）
高8厘米，口径5.9厘米，底径6.4厘米
湖南博物院藏

口沿外卷，短直颈，瓜棱形鼓腹，平底。肩前置一兽首短流，后置握柄。肩部饰有联珠纹。

青釉褐彩联珠纹执壶

唐（618—907）
高11.9厘米，口径5.3厘米，底径10.5厘米
湖南博物院藏

撇口，短直颈，瓜棱形鼓腹。肩前置一短流，后置弧形柄。该器通体施青釉，釉不及底，肩部装饰褐彩连续菱形联珠纹。

青釉褐绿彩联珠纹双耳罐

唐（618—907）
高26.7厘米，口径14.5厘米，底径19.3厘米
湖南博物院藏

唇沿外卷，短直颈，溜肩，斜直腹，平底。施青釉，罐身饰有褐绿彩联珠纹。

青釉褐绿彩花卉纹碗

唐（618—907）
高4厘米，口径14.2厘米，底径5.3厘米
湖南博物院藏

敞口，弧腹，圈足。碗内绘有褐绿彩花卉纹。

青釉褐斑褐绿彩阿拉伯文碗

唐（618—907）
高5.2厘米，口径15.5厘米，底径6.2厘米
湖南博物院藏

敞口，弧腹，圈足。碗内褐绿彩绘阿拉伯文、云气组合纹饰。中间阿拉伯文一般译为“安拉”。

长沙窑产品中以褐斑装饰的器物数量较多，几乎涵盖了日常生活所需的各种器形，如罐、缸、钵、执壶等。一般是在器物腹部位置，双系及流下饰以大块褐斑，这种装饰风格极具特色。涂褐斑装饰技法可能源于粟特银器在纹饰部位鎏金的工艺效果，体现了长沙窑对域外文化的吸收与借鉴。

青釉褐斑双系罐

唐（618—907）
高20.5厘米，口径14.2厘米，底径15.3厘米
湖南博物院藏

口沿外卷，短直颈，鼓腹下收，平底，肩颈处置双系。施青釉，双系处及其之间饰褐斑。

青釉褐斑双系罐

唐（618—907）
高15.5厘米，口径9.4厘米，底径10.2厘米
湖南博物院藏

口沿外卷，短直颈，鼓腹下收，平底，肩颈处置双系。施青釉，双系处及其之间饰褐斑。

青釉褐斑龙柄执壶

唐（618—907）
高18.9厘米，口径7.6厘米，底径8.8厘米
湖南博物院藏

撇口，直颈，溜肩，圆鼓腹，平底。肩前置八棱短流，两侧安一对弧形系，肩后置龙形壶柄。通体施青釉，流与双系下加饰褐斑。

青釉褐斑执壶

唐（618—907）
二级
高10.5厘米，口径21.5厘米，底径10.2厘米
湖南博物院藏

撇口，直颈，溜肩，圆鼓腹，平底。肩前置八棱短流，两侧安一对弧形系，肩后置壶柄。通体施青釉，流与双系下加饰褐斑。

摩羯在印度被视为河水之精、生命之本，4世纪末传人中国，成为石窟寺壁画及佛教造像中常用的题材。长沙窑中带有摩羯纹的壶和盘数量较多，通常与云气纹搭配，形成瑞兽祥云的组合。摩羯纹在长沙窑窑址、宁波唐代海运码头考古中屡有发现，“黑石号”沉船出水的长沙窑瓷器中也有很多摩羯纹饰。

青釉褐绿彩摩羯纹执壶

唐（618—907）
高19厘米，口径10.3厘米，底径8厘米
湖南博物院藏

侈口，粗短颈，溜肩，平底。肩前置有管状短流，流口有残损。肩后置一弧形柄。通体施青釉，流下绘有褐彩山峦，身两侧以褐釉各绘有摩羯纹和植物纹。

青釉褐绿彩摩羯纹执壶

唐（618—907）
高22.5厘米，口径9.8厘米，底径11.7厘米
湖南博物院藏

撇口，直筒颈，溜肩，瓜棱形腹，平底。肩前置八棱短流，后在肩颈间置弓形柄。流下绘有褐绿彩摩羯纹。摩羯仰首，呈飞跃之势，形态逼真。

褐釉模印飞鸟纹花口盘

唐（618—907）

三级

高4.6厘米，口径长16.3厘米，口径宽13.5厘米

湖南博物院藏

敞口，宽折沿，外缘唇沿内折呈直角，浅折腹。该盘盘心模印飞鸟纹，边沿模印缠枝卷叶纹，制作规整，纹饰精美。此盘与江苏丹徒丁卯桥窖藏出土的银鎏金菱形盘造型极为相似，应仿自金银器造型。

龙纹陶印模

唐（618—907）
长10.4厘米，宽6.2厘米，厚1.8厘米
湖南博物院藏

青釉模印贴花龙狮纹执壶

唐（618—907）
高22.7厘米，底径12.8厘米
湖南博物院藏

撇口，直颈，溜肩，圆鼓腹，平底。肩前置八棱短流，两侧各安一桥形系，系中有条状凸起。通体施青釉，双系及短流处各加饰有模印贴花并在其上施褐釉斑。

印模

唐（618—907）
长12.4厘米，宽9.1厘米，厚4.4厘米
湖南博物院藏

印模是模印贴花工艺中所使用的重要工具，多以瓷泥制成，该印模呈八边形状，在模具上凹刻双龙纹饰，经高温焙烧而制成。

青釉褐斑双系执壶

唐（618—907）
一级
高23.1厘米，口径8.8厘米，底径11厘米
湖南博物院藏

撇口，直筒颈，溜肩，瓜棱形腹，平底。肩前置八棱短流，双龙头形系为模印而成，外弧内平。流及系下饰以三块褐斑。此类饰褐斑的模印贴花器物是长沙窑外销的主要种类之一。

青釉褐斑贴花罐

唐（618—907）
三级
高16.5厘米，口径11.5厘米，底径14厘米
湖南博物院藏

口沿处残损，短直颈，鼓腹下收，平底，肩颈处置贴花双系。施青釉，双系处饰褐斑。

印模

唐（618—907）
长10.5厘米，宽8.3厘米，厚2.8厘米
湖南博物院藏

青釉褐斑贴花洗

唐（618—907）
高10.1厘米，口径14.5厘米，底径7.7厘米
中国（海南）南海博物馆藏

敞口，鼓腹下收。洗口沿处有对称双系，中有穿孔。双系由方形、菱形模印贴花图案组成。通体施青釉，贴花处加施褐斑。

青釉褐斑贴花洗

唐（618—907）
高9.5厘米，口径16厘米，底径7.5厘米
湖南博物院藏

洗口沿处有对称双系，中有穿孔。双系由方形、菱形模印贴花图案组成，并衬以大块褐斑，使得贴花更为醒目。唐代由于科举制的盛行，形成了“万般皆下品，唯有读书高”的社会主流观念，洗与砚台、水注、镇纸等文房用具也成了长沙窑的重要产品之一。

浮槎万里

长沙窑瓷器充分利用湘江通江达海的水路优势，经扬州、广州等港口出海，远渡重洋，沿着海上丝绸之路行销至东亚、东南亚、南亚、西亚、北非20多个国家和地区，在我国古陶瓷外销史上留下浓墨重彩的一笔。

“黑石号”沉没地暴露的瓷器

“黑石号”破裂大罐内呈现出长沙窑瓷碗的叠摞方式

伊朗尼沙布尔遗址出土10世纪彩陶碗

美国大都会艺术博物馆藏

伊朗苏萨出土蓝彩碗

伊朗巴斯坦博物馆藏

青釉褐彩『万里人南去』诗文壶

唐（618—907）
高17.5厘米，口径8.4厘米，底径9.7厘米
湖南博物院藏

撇口，直筒颈，溜肩，瓜棱形腹，平底。流下以褐彩书写五言诗一首：“万里人南去，三春雁不（北）飞。不知何岁月，得共女（汝）同归。”此诗出自唐代诗人韦承庆《南中咏雁》，描述了诗人的思乡之情，可能也反映了长沙窑通过海上丝绸之路外销的艰辛。

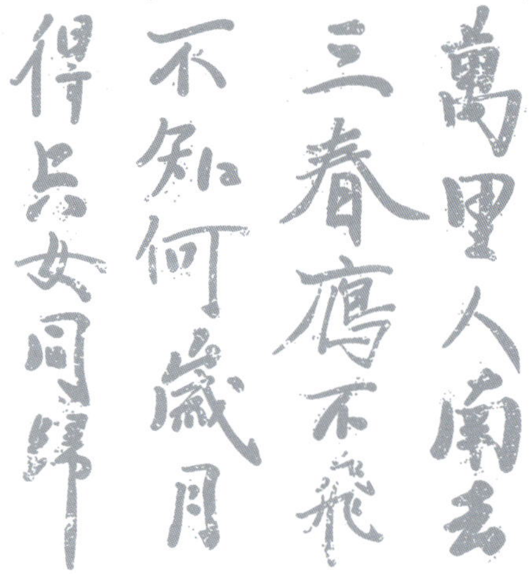

青釉褐彩『附信到扬州』诗文壶

唐（618—907）
二级
高17.8厘米，底径9.5厘米
湖南博物院藏

撇口，直筒颈，溜肩，瓜棱形腹，平底。流下以褐彩书写五言诗一首："一只青鸟子，飞来五两头。借问舡（船）轻重，附信到扬州。"青鸟一般代指信使，"五两"则是悬挂在船竿顶的测风器，一般用五两鸡毛做成。不知这送信的船只，能否载得动这满纸的思念？表达了一种深厚的思念之情。该诗说明了扬州是长沙窑的外销港口。

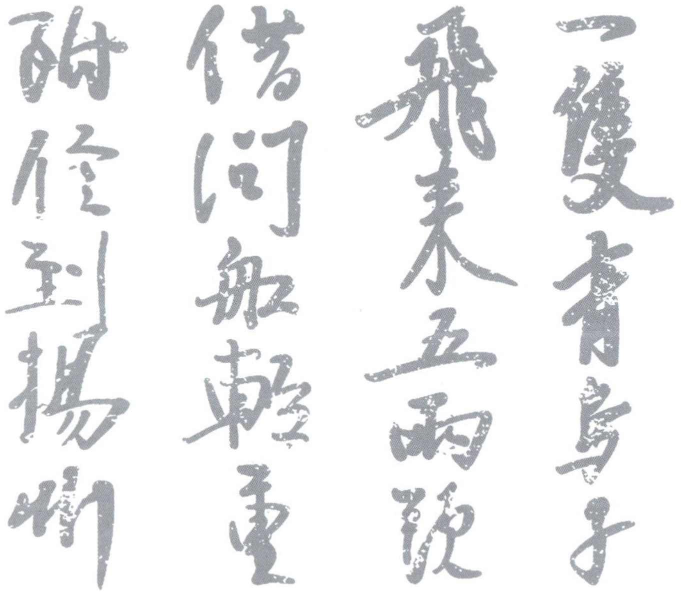

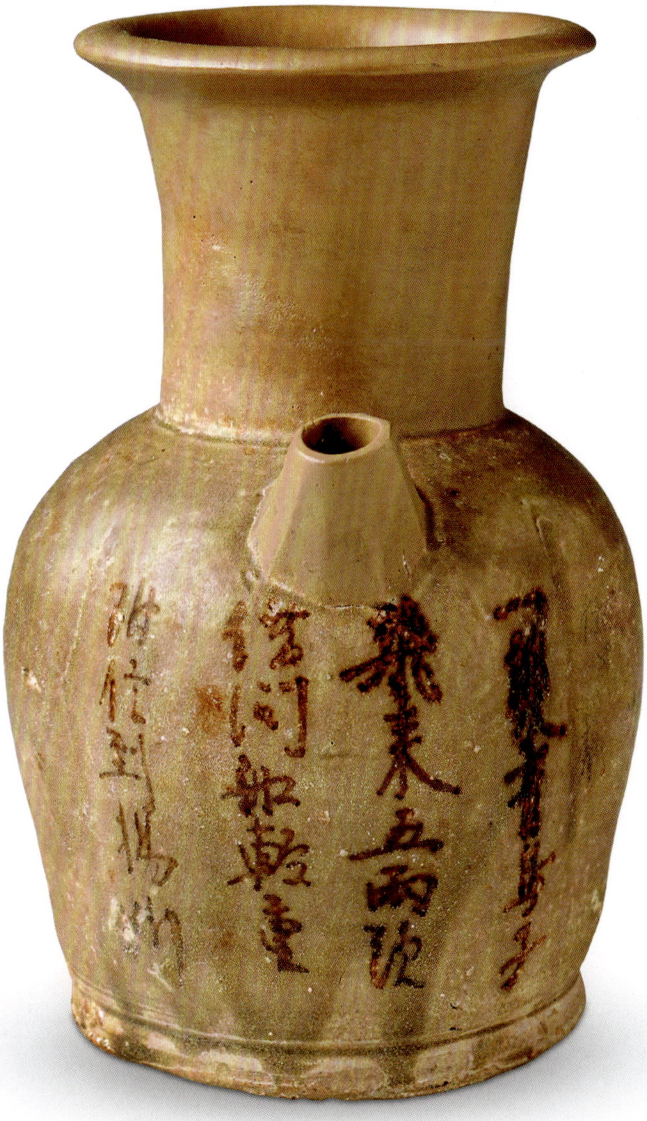

白釉绿彩写意纹执壶

唐（618—907）
高23厘米，口径10.5厘米，底径12.5厘米
湖南博物院藏

撇口，直筒颈，溜肩，弧腹，平底。肩及上腹部以绿彩绘制写意纹，白釉上施以绿彩，宛若飘带，具有很强的装饰效果。白釉绿彩器主要有两种装饰方法：一种是通体内外饰绿色，表面通常有垂流现象，并露出彩下白釉；另一种是在白釉上饰以不规则的绿彩斑块。“黑石号”沉船中发现的白釉绿彩瓷器在国内并不多见，说明其主要用于外销。

青釉褐绿彩云纹碗

唐（618—907）
高5厘米，口径15.2厘米，底径5.5厘米
中国（海南）南海博物馆藏

敞口，弧腹，圈足。碗内和外口沿着白色化妆土，内底用褐绿彩绘云气纹，口沿饰四个褐斑。施青釉，外壁釉不及底。

青釉褐斑褐绿彩云气纹碗

唐（618—907）
二级
高7厘米，口径20.3厘米，底径6.9厘米
湖南博物院藏

敞口，弧腹，圈足。碗内用褐绿彩绘云气纹，灵动飘逸。该碗口径较大，多见于外销。

青釉褐绿彩花草纹碗

唐（618—907）
高5.3厘米，口径14.6厘米，底径5.1厘米
中国（海南）南海博物馆藏

敞口，弧腹，圈足。碗内和外口沿着白色化妆土，内底用褐绿彩绘草叶纹，口沿饰四个褐斑。施青釉，外壁釉不及底。

青釉褐绿彩阿拉伯文碗

唐（618—907）
高4.9厘米，口径14.9厘米，底径5.1厘米
中国（海南）南海博物馆藏

敞口，弧腹，圈足。碗内和外口沿着白色化妆土，内底用褐绿彩绘阿拉伯文和云纹，口沿饰四个褐斑。施青釉，外壁釉不及底。

青釉褐斑褐绿彩草叶纹碗

唐（618—907）
三级
高5.2厘米，口径15厘米，底径6厘米
湖南博物院藏

敞口，弧腹，圈足。该碗用褐绿彩绘草叶纹、云纹。“黑石号”沉船出水长沙窑瓷器中碗的数量最多，纹饰种类丰富多样，植物、云气、山水等，多在碗口沿饰四块褐斑。

青釉褐斑褐绿彩卷草纹碗

唐（618—907）
三级
高4.7厘米，口径15.1厘米，底径5.3厘米
湖南博物院藏

敞口，弧腹，圈足。碗内用褐绿彩绘卷草、云气组合纹饰。口沿饰四块褐斑，系模仿西亚陶器装饰风格。

青釉褐斑褐绿彩卷草纹碗

唐（618—907）
高5厘米，口径15.4厘米，底径5.6厘米
中国（海南）南海博物馆藏

敞口，弧腹，圈足。碗内和外口沿着白色化妆土，内底用褐绿彩绘草叶纹，口沿饰四个褐斑。施青釉，外壁釉不及底。

『黑石号』沉船打捞出水瓷器标本一组

底径7厘米，高7.4厘米

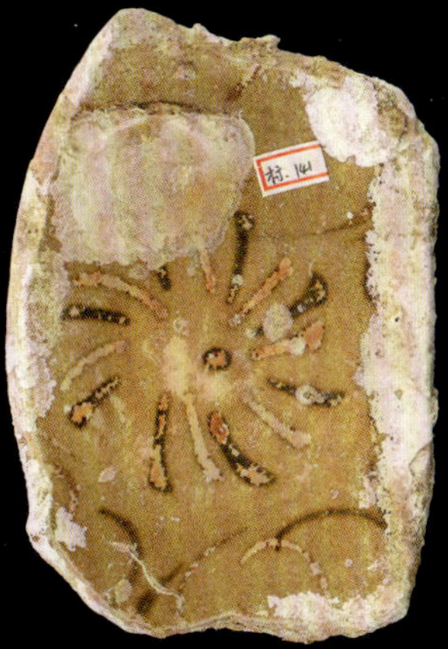

底径7.8厘米，残高4厘米

底径7厘米，残高4.6厘米

通长11.5厘米，通宽8.5厘米

通长32.5厘米，通宽20.5厘米

长沙地区土地肥沃，水源充足，物产丰富，水陆交通便捷，加之瓷业所需的森林、瓷土等燃料和原料资源充足，为长沙瓷业经济发展奠定了坚实基础。唐中后期，长沙地区受北方战乱影响较小，社会环境和经济环境相对稳定，使民众能安于生产，制瓷业稳步前进。

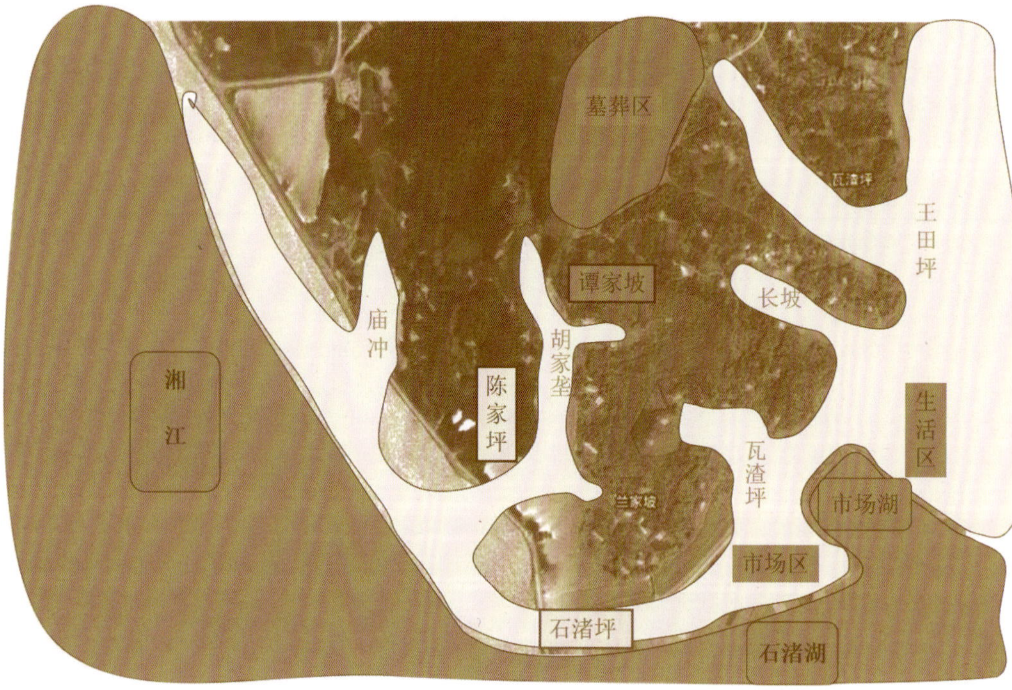

长沙窑主窑址分布图

注重需求

长沙窑瓷器生产非常注重外销市场的需求和偏好，器型款式明显有来样定烧的特征，在装饰风格上也可谓是投其所好。唐末经济活跃的长沙也吸引了许多善商趋利的胡人长年在此活动，在窑址出土的波斯陶片，也反映了胡商可能来此商谈定制或直接参与生产设计。

长沙窑青釉蓝彩双系罐

扬州博物馆藏

“黑石号”出水长沙窑瓷碗上常见的变体阿拉伯文

价格优势

在浙江嵊县出土有一件唐代越窑青釉四系蟠龙罂，肩至腹部一侧刻有铭文“元和拾肆年四月一日造此罂，价直壹千文”。长沙窑瓷壶上亦有标价，如“有钱水亦热，无钱火亦寒。五文”“人生一世，草生一秋。计伍文”“油瓶伍文”等，由此可见，长沙窑瓷器相较于同时代其他窑口瓷器，价格要低出许多。

唐代越窑青釉四系蟠龙罂

浙江省博物馆藏

长沙窑青釉褐彩“油瓶伍文”瓷壶

湖南博物院藏

国外出土长沙窑瓷器主要情况一览表（不完全统计）

国家和地区	遗址数量	出土情况
坦桑尼亚	1	1984年英国学者霍顿等人在翁古贾·库（Unguja Ukuu）进行考古调查，发现有长沙窑瓷
也门	2	在也门哈达拉毛省沿海地区的席赫尔（Al-Shihr）遗址和舍尔迈（Sharmah）遗址各出土有长沙窑褐彩碗残片
阿联酋	1	海特（Khatt）遗址出土了2块典型的长沙窑褐绿彩绘碗残片
约旦	1	亚喀巴（Aqaba）遗址表层出土了1块褐彩碗残片
韩国	2	庆尚北道东南部曾出土一件黄釉褐彩贴花三耳壶、一件青釉贴花双耳罐；黄海南道海州郡的海域内出土一件黄釉褐彩贴花人物三耳壶
日本	14	集中于日本岛东南部，其中以福冈县最为丰富，出有碗、罐、壶、杯、盘等
阿曼	1	在苏哈尔（Suhar）出土有彩绘纹碗片、釉下彩绘纹壶和褐斑罐
沙特阿拉伯	2	在达兰（Dhahran）曾出土1片长沙窑碗片；在纳曼遗址发现1块长沙窑褐绿彩绘碗残片
巴林	1	吉德哈吉（Jidd al-Hajj）遗址表层出土1块长沙窑彩绘碗残片
伊拉克	1	三上次男考察了萨玛拉（Samarra）遗址出土的中国瓷器，发现有长沙窑贴花壶瓷片
埃及	1	目前发现的长沙窑褐绿彩绘碗残片均来源于福斯塔特（Fostat）遗址
肯尼亚	2	曼达（Manda）岛曾出有长沙窑瓷；尚加（Shanga）发现了30余块长沙窑褐绿彩碗残片
印度尼西亚	14	遗址主要分布在爪哇岛及其附近海域，大部分遗址有完整器出土，主要类型是黄釉褐彩的碗、壶、罐、盘等
伊朗	15	遗址主要以西拉夫为中心沿波斯湾东岸分布，主要出有黄釉褐绿彩碗的残片
泰国	3	共有三处遗址，两处在马来半岛中部，一处在克拉地峡，出有长沙窑器物残片
菲律宾	3	分布于吕宋岛南端、棉兰老岛北岸、菲律宾中部，出有黄釉褐绿彩碗，釉下彩绘碗和印有舞人、乐人的贴花壶
斯里兰卡	2	在马纳尔（Manaar）和阿努拉达普拉（Anurad hapura）的考古发掘中，出有彩绘纹碗、盘、贴花壶、双耳罐等碎片，以碗、盘类居多
巴基斯坦	3	三处遗址均分布在巴基斯坦卡拉奇附近，出土有长沙窑瓷片

注：数据来源于长沙窑课题组《长沙窑》，紫禁城出版社，1996年，第213页；赵冰《长沙窑瓷器：9世纪印度洋—中国海域地区全球型海上贸易的典型商品》，《文物》2020年第11期。

结语

2000多年前，我们的先辈筚路蓝缕，穿越草原沙漠，开辟出联通亚欧非的陆上丝绸之路；我们的先辈扬帆远航，穿越惊涛骇浪，闯荡出连接东西方的海上丝绸之路。古丝绸之路打开了各国友好交往的新窗口，书写了人类发展进步的新篇章。中国陕西历史博物馆珍藏的千年“鎏金铜蚕”，在印度尼西亚发现的千年沉船“黑石号”等，见证了这段历史[1]。

——习近平

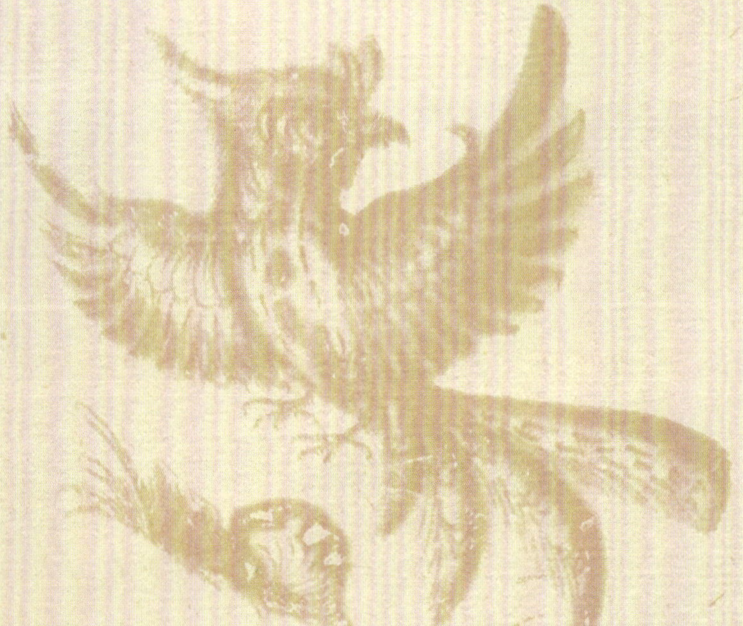

[1] 习近平：《携手推进“一带一路”建设——在“一带一路”国际合作高峰论坛开幕式上的演讲》（2017年5月14日），人民出版社，2017年。

“诗画彩瓷——唐代海上丝绸之路上的长沙窑瓷器展”展览解析

吴伟义
中国（海南）南海博物馆

中国（海南）南海博物馆自2018年开馆以来，紧扣共建“一带一路”倡议，结合自身发展定位，围绕“海丝文化”举办多个主题鲜明的专题展览。今年，在共建“一带一路”倡议提出十周年的重要节点，中国（海南）南海博物馆与湖南博物院联合主办了“诗画彩瓷——唐代海上丝绸之路上的长沙窑瓷器展”。该展于2023年5月18日“5·18国际博物馆日”正式开展，精选了两馆相关藏品178件（套），以唐代海上丝绸之路的视角为公众了解长沙窑提供一个崭新的途径及窗口。

一、展览主题

展览以海上丝绸之路上的长沙窑瓷器为切入点，通过呈现长沙窑瓷器在造型、功能与装饰风格上的特点，展示长沙窑在中国陶瓷外销史与发展史上的重要地位，凸显中华大唐盛世的历史气韵。更深层次上，此次展览意在突出长沙窑是中外文化交流积淀的结晶，并由此展现唐代各国人民友好交往、互利共赢，各种文明包容共存、共同发展的美好景象。

二、内容设计

1. 展览名称

本次展览的名称采用复合式标题，定名为“诗画彩瓷——唐代海上丝绸之路上的长沙窑瓷器展”（图一）。主标题“诗画彩瓷”体现了长沙窑瓷器各方面特点的集合，既有完整词义，又可以拆分解读。“诗”字即长沙窑瓷器上以唐代诗歌为主要内

图一　展览序厅

容的书法题字。将书法大量用于瓷器的装饰是长沙窑的一大特色，朗朗上口的诗歌通过质朴纯真的书风加以展现，唐人豪迈不拘的气息便扑面而来。书法表现的内容除了唐诗之外，也有体现当时价值观念的名言警句等，为今人研究唐诗以及唐代民间书法艺术留下宝贵的实物资料。“画”字除了表示长沙窑瓷器以褐绿彩绘为主要表现手法的釉彩绘画，又涵盖划刻、贴花、剪纸等其他图像装饰工艺。将中国传统绘画的艺术语言用釉彩的方式在长沙窑瓷器上进行装饰是其特色之一，内容涉及广泛，除了山水、花鸟、人物等传统中国绘画类别，更有宗教神话、历史典故等主题性绘画。“彩”字意在涵盖长沙窑瓷器多彩釉色的面貌。长沙窑工匠成熟运用多种彩釉，经过高温的洗礼，瓷器变得鲜艳夺目，异彩纷呈，给人焕然一新的感觉。长沙窑产品的釉色种类很多，有青釉、褐釉、酱釉、绿釉、黑釉、茶色釉、白釉、红釉、窑变釉等，其中铜红釉为长沙窑首创。“瓷”字是着重代表器物特征。长沙窑作为商业性瓷窑，产品种类繁多，且皆为满足社会需求的日用器皿，是中国唐代人民生活的真实写照。我们可以通过这些器物复原当时社会生活的不同片段，进而连缀成一幅幅生动的唐代生活画卷。副标题为“唐代海上丝绸之路上的长沙窑瓷器展”。据考，长沙窑创烧于初唐，兴于中晚唐，衰于五代。长沙窑的兴衰贯穿整个唐代，并且是唐代海上丝绸之路上重要的参与者与见证者。副标题不仅点明展览重要信息，也释放出该展览不同于单纯瓷器艺术展的故事性与历史性。

2. 展览结构

此次展览在内容编排上，有别于一般瓷器展的叙述方式，通过更有故事性的设计，将观众的视线聚集器物本身，又能透视延伸更深层的人文意蕴。展览先以“黑石号”沉船的惊世发现为引子，后从长沙窑瓷器的产品特色、装饰艺术及其积极拓宽的海外市场三个方面，紧扣“海上丝绸之路”的展览主题，展现唐代长沙窑在中国陶瓷发展史与外销史上的重要地位，也试图从侧面反映唐代文化开放包容、兼容并蓄的特点。

引子分为两个部分，第一部分是在“黑石号”沉船出水的67000余件瓷器中，通过长沙窑瓷器以57000多件的绝对数量占比，将观众的聚焦点投向“长沙窑”，并且为这样一种现象而感到惊奇，继而激发观众的观展欲望。引子的第二部分是通过这批出水的长沙窑瓷器中一件题铭为“湖南道草市石渚盂子有明（名）樊家记”的瓷碗，点出长沙窑的地理方位。这件题记瓷碗，有值得深挖的几个关键信息，“湖南道”是唐晚期从江南西道划出的独立行政区划；“石渚草市”，是今湘江东岸石渚湖片区在当时形成的乡村集市。“盂子”即碗，“有明（名）樊家记”是樊家作坊自我宣传的题记。另一件出水的长沙窑瓷碗上带有唐代宝历二年（826年）的刻铭，足以说明最迟在9世纪20年代，石渚湖岸已形成集陶瓷生产与销售于一体的成熟市集。由此联系长沙窑的发掘背景，开启了本次展览的主体篇章。

展览按照釉色、器型种类、纹饰等不同侧重点，分为“焰红湘浦口”“笔精妙入神”“大舟有深利”三个单元。单元标题均从唐诗摘句，在符合时代背景的基础上，争取“韵”与“意”双协，契合展览内容。第一单元从釉色和器型种类两个方面，展现长沙窑瓷器的产品特色。长沙窑瓷器具有多种釉色的整体面貌，它在釉彩上另辟蹊径，发展成为有别于“南青北白”的彩瓷系统。并且在器型种类方面，长沙窑都有对应酒、茶、文、娱等生活日常生产器具，品种全面，是体现唐代百姓生活多姿多彩的实物见证。单元标题“焰红湘浦口”取自唐代诗人李群玉的《石潴》一诗，该诗对当时长沙窑瓷器的生产情况作了细致而又生动的描述。用此诗句对长沙窑的整体面貌进行概况，并奠定展览的总基调是适宜的。由于记录长沙窑的史料甚少，这篇诗几乎成了已知的“一手资料”，李群玉也因此被誉为记录长沙窑的第一人。诗中所蕴含的窑址环境与烧造工艺也作为本单元展示的重点。

第二单元将长沙窑瓷器上的书画装饰集中展现，为了使观展方式更为清晰明朗，我们将“诗文”与“绘画”分开展示与解析。唐代是中国书画发展的鼎盛时期，长沙窑顺应时代潮流，创新性地将书法与绘画融入瓷器的装饰工艺，形成独特的面貌。本单元标题“笔精妙入神”出自唐代李白《王右军》一诗，原表王羲之书法之精妙，而工匠施彩所用笔法与中国传统书画一脉相承，此处借诗句表达长沙窑瓷器上的书法与绘画之精妙。在目前发现的长沙窑瓷器中，褐彩书法以及褐绿彩绘画，是占多数的，且技法娴熟，内容丰富，书法飘逸灵动，绘画造型鲜活，具有较高的艺术价值。值得一提的是，此次展览展示的褐绿彩绘瓷器中，绝大多数是花鸟画，在中国绘画史上都是极为罕见和令人震撼的。花鸟画作为一个独立画科，确立于唐代[1]，但正是这样一

[1] 贺西林、赵力：《中国美术史简编》，高等教育出版社，2003年，第123页。

个画科逐渐明晰的历史时期，我们可见的却是人物画与山水画得到了极大发展，而以花卉、禽鸟作为描绘对象的独立画作传世是极少的。庆幸的是，长沙窑的瓷器绘画中花鸟题材的作品是最常见的，并且画面构图饱满，笔法流畅，刻画得入微传神，可以洞见唐人朱景玄《唐朝名画录》中所描述的“穷羽毛之变态，夺花卉之芳妍”，这无疑是弥补了唐代花鸟画“失传”的缺憾。

第三单元的内容设定是展示长沙窑的外销特性，在紧扣展览主题的同时，试将展览推向高潮（图二）。单元标题“大舟有深利”出自唐代诗人黄滔《贾客》一诗。此诗句是描写商贾出海行商的心境，在此借诗意体现长沙窑因其物美价廉的特征，而有着巨大利润空间，深受商人喜爱。据大量的考古资料表明，在长江沿岸的古代港口城市以及唐代海上丝绸之路沿线国家的港口，都不同程度地发现长沙窑瓷器。长沙窑善于发现商机，在器型与纹饰上贴合域外审美与实用需求，生产了大量的外销型的瓷器，其中以联珠纹、椰枣纹、狮子纹以及抽象几何纹为代表的纹饰，通过彩绘、模印贴花等不同手法加以运用，体现着浓郁的异域色彩。本单元在内容设计上除了展现长沙窑瓷器所体现的异域风情外，也顺势通过对长沙窑存在的优势分析，回答了为何在“黑石号”沉船中长沙窑瓷器数量的绝对占比，与展览开头的引子形成“首尾呼应”。

图二　展厅内部

三、形式设计

展览以弧形展墙塑造嵌入式空间，使得展线更富有变化，总体观展线路开阔通畅。空间色彩以诗句“焰红湘浦口”为思路，将窑红作为主色调，各单元在此色调上渐变微调，以示区别。通过提取长沙窑瓷器上的装饰书画，在每个独立展柜的顶部施加绢丝质垂幕，在营造氛围的同时，填补展厅上层空间，让观众在视觉感受上更加饱满。

在平面设计方面，以“海浪”与“绸带”作为“海丝”的抽象符号，贯穿展厅。通过长沙窑瓷器具有代表性的执壶剪影以及装饰图案元素转换为展厅装饰内容。为了使观众对展览内容有更为直观、细致的观感，我们绘制“长沙窑瓷器烧造主要流程图”“谭家坡龙窑结构示意图”“模印贴花工艺流程示意图”等基于史实的原创性图画。

四、设计亮点

1. 谭家坡龙窑场景

场景既是对展品的补充，也是对整体展览内容的立体式解读，是拉近受众与展览的距离，更好实现传播、教育目的的手段[1]。为了使观者有更为直观的视觉体验，我们设想在展厅中对谭家坡龙窑进行场景复原（图三）。长沙窑的窑炉多采用龙窑的形式，从现有的考古发掘的情况看，谭家坡龙窑规模庞大，结构清晰可辨，是长沙窑窑炉的典型代表。由于展厅空间的限制，我们选择沙盘模型与龙窑的局部实体造景相结合的展示方式，形成“小整体”与“大局部”的空间格局。“小整体”是指利用沙盘模型的方式对谭家坡龙窑所处的工作区域进行缩小复原。“大局部”是指对谭家坡龙窑的窑头实体化造景（图四）。

在设计与制作过程中，我们实地考察了谭家坡遗迹馆，并参考该遗迹馆中的复原模型对其进行缩小转换。整个沙盘模型分为左右两区，左边是遗址现状，右边复原场景。通过沙盘模型的展示，生动再现整个瓷窑工作区功能齐全、分布合理的空间格局（图五）。对于谭家坡龙窑窑头的场景搭建，我们仔细研读了《1983年发掘的长沙窑窑址与探方》[2]中关于谭家坡窑址发掘情况的描述，试图在场景搭建中强调其半地穴式的窑炉结构以及火膛与火门、窑炉与遮雨棚的相对关系。为了使场景更加逼真，在

[1] 广东省博物馆协会：《博物馆工作指南》，广西师范大学出版社，2023年，第244页。

[2] 长沙窑课题组编：《长沙窑》，紫禁城出版社，1996年，第二章。

图三 谭家坡龙窑窑头复原手绘效果图

图四 谭家坡龙窑窑头复原实景图

保证展厅安全的情况下，我们在制作的土壤环境上布置石碎与杂草，并且在窑头的周围布放若干防火木柴和匣钵。最后，通过平面与立体相结合的展示方式，将弧形背景画面与实体“窑头”进行衔接，在与展厅主色调相协调的同时，提升龙窑纵深的空间感。

2. 长沙窑瓷器烧造主要流程图的绘制

为了使观众对长沙窑瓷器的生产过程有更为直观的了解，笔者绘制了“长沙窑瓷器烧造主要流程图”（图六）。长沙窑瓷器制作的流程主要包括：挖洞取泥、淘洗练泥、拉坯修坯、塑形加工、胎体装饰、施釉、入窑装烧。在力求人物形象与服饰特征符合时代背景的基础上，重点表现以下几个重要内容。

第一，长沙窑窑区所在地有丰富的瓷土资源，人们采石取土主要是通过凿洞挖井的方式，将采集到的石、土通过淘洗池练泥、干燥封装，得到备用的瓷泥。第二，拉坯修坯作为瓷器造型的主要步骤，在没有电力传动的古代，拉坯车主要是通过工具人力旋转，依照惯性将瓷泥拉坯成形。这些的半成品会进入下个工作区，进行深化造型，如贴耳、制流、模印、贴花、装饰等。第三，这些成形的器物，在经过干燥之后，在其

图五　谭家坡龙窑窑址沙盘模型

外表施釉。陶瓷施釉的方式是多种多样的，根据目前发现的长沙窑瓷器，可以推测其施釉方式主要有淋釉、涂釉、蘸釉、荡釉等。第四，在历经前面所有工序后，最后一道即是入窑装烧，将每件瓷器放置在匣钵中，叠放在窑炉中进行集中烧制。

3. 长沙窑瓷器“书”与“画”的诠释

长沙窑开启了瓷器装饰的新时代，尤其是瓷器上的书法与绘画更是唐代民间艺术繁荣发展的直接体现。为此，我们注重这一类瓷器的展示方式，强调它的艺术特点。针对书法装饰的瓷器，我们依托弧形的墙面设计了一面书法墙。将瓷器上的书法提取出来，以传统条屏的作品形式，将本次展品中11件带有书法的执壶进行集中展示。另在此处展示空间的中央顶部，运用大面积的双层环形书法垂幕，并把这类的三件重点展品置于此空间中，试图构建一个书香浓郁、诗意纵横的沉浸式“书法空间”（图七）。此外，针对绘画、模印等图纹装饰的瓷器，我们对其进行矢量化提取与题材分类，使观众更为直观、系统地欣赏这些既有中国传统写真功底，又有中西文化交融特色的图饰。

4. 展览互动与随展文创区

本着“把观展的美好带回家”的理念，我们在展览宣传折页加设集章区，通过对本次展品中具有代表性的器型和纹饰元素的提炼，设计了二十款彩色印章，供观众盖

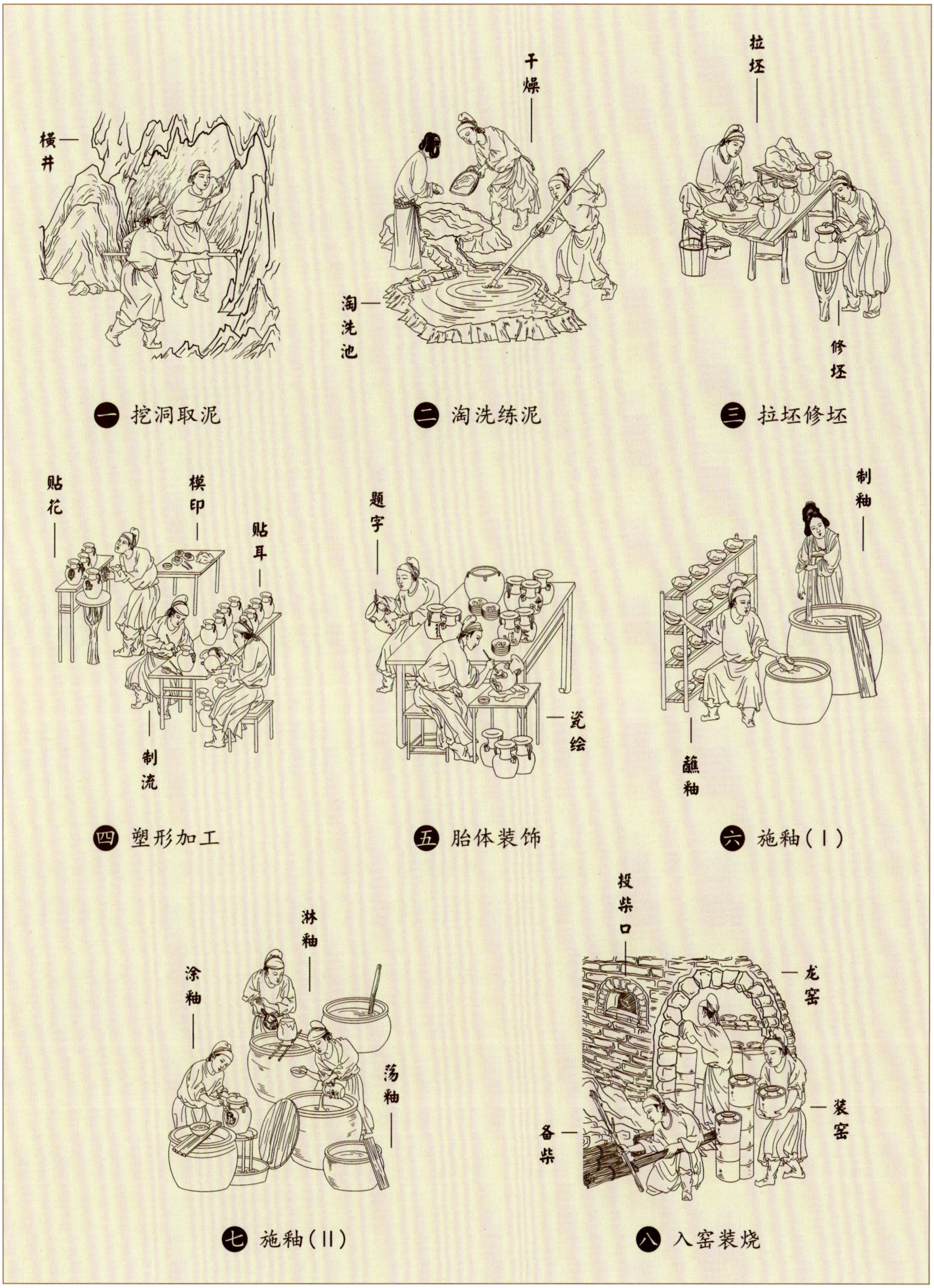

图六　长沙窑瓷器烧造主要流程图

图七　展厅“书法墙”实景图

章打卡。通过集印的互动方式，使观者对展览加深印象。

文创区在功能上相对展厅是独立的，但又是临展厅的组成部分。因此，文创区的设计就有着较大的发挥空间，在展厅整体定于庄重、深沉的环境基调中，其对参观者免于视觉疲劳的调节发挥着重要作用。综上考虑，我们以“轻松”“活泼”“娱乐”等关键词，选取“唐代建筑”“青绿山水”等唐代具有代表性的视觉元素，对柜台进行装饰设计，并且取用“石渚草市”的字样，在与展览内容相呼应的同时，又在词义上契合文创区的功能属性（图八）。此外，我们还通过两个原创性卡通IP形象“小唐人”点缀提示牌，强化展览所体现出的盛世大唐的时代特征。

五、结语

“诗画彩瓷——唐代海上丝绸之路上的长沙窑瓷器展”作为长沙窑瓷器首次在琼集中展示的展览，对推动琼湘两地的旅游文化交流、满足人民日益增长的精神文化需求有着重要意义。该展览凝聚了两馆智慧与辛勤，我们小到标题设计，大到结构安排、场景布置，都尽可能还原历史感与现场感，给观者带来沉浸式体验。希望通过长

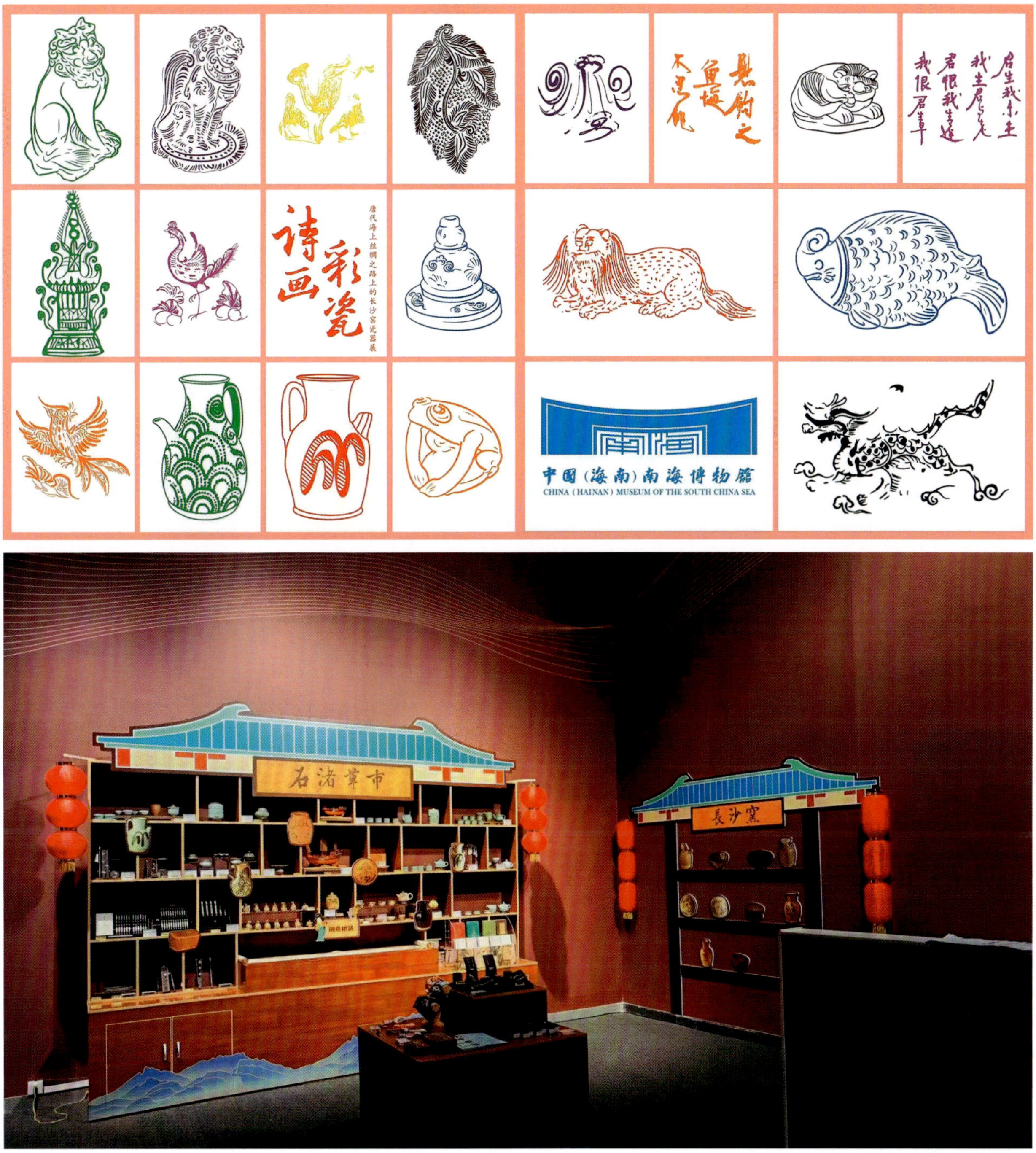

图八　互动印章图案与随展文创区

沙窑瓷器的展示再现唐人丰富多彩的生活面貌以及唐代文化的开放和多元。在经济全球化不断推进的当下，机遇与挑战并存，开放、合作、共赢是人类发展的永恒主题，展览也试图以海上丝绸之路的视角，与“一带一路”倡议相契合，描绘出一幅唐代中国与世界各国友好往来的壮丽画卷，意在彰显和平合作、开放包容、互学互鉴、互利共赢的丝路精神。

长沙窑与唐代海上丝绸之路

方昭远
湖南博物院

长沙窑是中晚唐时期以彩瓷著称于世的商业性瓷窑，其开创的多彩绘画装饰和书写诗文装饰，是中国陶瓷装饰史上重要的里程碑。长沙窑瓷器造型丰富，装饰多样，物美价廉，多为普通民众的日常用器，是反映唐代社会生活的“百科全书”。长沙窑瓷器不仅广布国内十几个省，而且远销海外，产品遍布东亚、东南亚、南亚、西亚、北非、东非等20多个国家和地区，是唐代海上丝绸之路上的主要外销商品，是唐代中国与海外国家友好贸易往来的桥梁和纽带。本文尝试结合考古发现资料和文献记载，对长沙窑的外销情况进行探讨。

一、长沙窑的外销性质

长沙窑是在岳州窑基础上融合北方制瓷技术逐渐发展起来的唐代民间窑场。早在东汉三国时期，长沙窑地区就有瓷器烧造，产品种类、工艺与岳州窑一致，应为岳州窑的外围窑场[1]。大约在公元9世纪前期，长沙窑逐渐成为唐代海上丝绸之路的主要外销瓷，推动形成了海上丝绸之路的第一次外销高峰。但与宋代福建地区窑场不同，长沙窑不是专为外销服务的外销型瓷窑，其内销的范围和数量同样巨大，内销辐射区域按长沙窑瓷器出土数量可分三个层级：①湖南地区；②湖北、安徽、江苏、广东、广西地区；③其他地区，分布地点与内河水运网络密切相关，尤以长江水系分布最为密集。同时，长沙窑内销和外销的产品种类有所区别（表一），内销产品主要为满足唐代普通民众日常生活需要，单色釉瓷占主流，尤其是中晚唐饮茶风俗的兴起，带动了全国瓷质茶具的生产，长沙窑也不例外，茶酒具是长沙窑的最重要、数量最多的产品种类。例如长沙窑执壶（图一、图二），此类壶一般用作茶壶或酒壶，唐人称为“饮

[1] 湖南省文物考古研究所：《焰红石渚：长沙铜官窑遗址2016年度考古发掘出土瓷器》，文物出版社，2018年，第7页。

表一　长沙窑装饰种类统计表

装饰种类		占比	备注
单色釉瓷	青釉	42.2%	54.35%，内销瓷的主流
	酱釉、黑釉	7.4%	
	绿釉	3%	
	白釉	1.5%	
	红釉	0.25%	
彩绘瓷	青釉褐彩	19.2%	43%，外销瓷的主流
	青釉褐绿（红）彩	10.5%	
	白釉绿彩	6.6%	
	青釉绿彩	6.4%	
	白釉褐绿（红）彩	0.3%	
素胎等制品		2.65%	

注：数据来源于1983年长沙窑遗址发掘报告[1]。

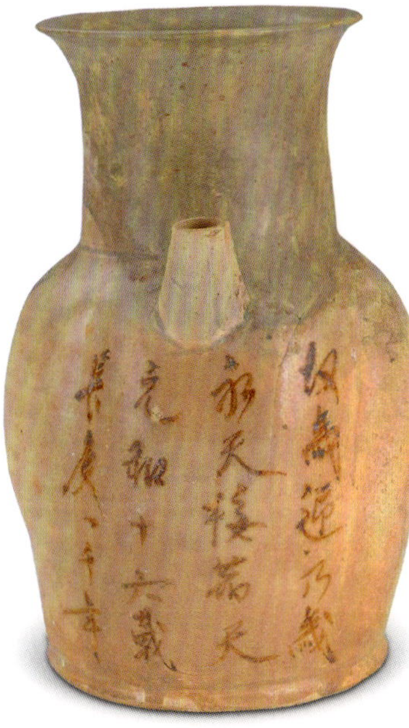

图一　长沙窑青釉“长庆一千年”诗文执壶
长沙博物馆藏

图二　长沙窑青釉褐绿彩莲花纹执壶
湖南博物院藏

[1]　长沙窑课题组编：《长沙窑》，紫禁城出版社，1996年，第26～27页。

图三　长沙窑青釉褐斑模印贴花执壶
“黑石号”沉船出水

图四　长沙窑青釉褐绿彩莲花纹碗
“黑石号”沉船出水

瓶”，大量发现于国内城市遗址或墓葬，却几乎不见于海外港口和沉船，海外一般多见于小口褐斑模印贴花执壶（图三）。而大量外销的“黑石号类型”碗是在长沙窑青釉茶碗基础上加饰彩绘而成（图四），这种独特装饰的碗不见于国内的唐代墓葬和生活遗址，仅发现于海上丝绸之路沿线国家，显示出这种“黑石号类型”碗应属于外销定制产品。因此，长沙窑是内销和外销并重的窑场，内销是外销的基础。长沙窑会根据使用对象的需求定制外销产品，这些外销定制产品依然是在内销产品的基础上制作而成的。

二、长沙窑的外销产品

1998年，在印度尼西亚勿里洞岛丹戎潘丹港口北部海域发现了“黑石号”沉船（the Batu Hitam shipwreck），又称勿里洞沉船（the Belitung shipwreck），这一惊世大发现让世人重新认识了长沙窑的外销面貌。黑石号沉船共出水67000多件文物，绝大部分是长沙窑瓷器，约有57000件，还有少量的越窑、邢窑、巩义窑、广东窑场陶瓷器和3件唐代青花瓷等。此外，沉船上还发现了金银器、铜镜、钱币、银锭、铅锭、铁锅、八角茴香、石砚、玻璃瓶等。由于沉船主体淹没在海底淤泥中，许多瓷器保存状况极佳。一件长沙窑瓷碗所刻“宝历二年七月十六日”（即公元826年）题记，准确地显示了长沙窑的生产日期和沉船的年代[1]。

[1] Michael Flecker. A ninth-century AD Arab or Indian shipwreck in Indonesia: first evidence for direct trade with China. *World Archaeology*, 2001, 32(3): 335-354.

黑石号沉船船身保存相对完好，龙骨长约15.3米，船体还残留了一些绳索和有机填料，推测船身总长度在20—22米之间，最宽处6.5米，载重约25吨。沉船残骸显示这是一艘阿拉伯地区的缝合船，即利用榫卯接合以及植物纤维所制的绳索将钻孔的龙骨、船架、板材缝合，缝隙处以橄榄汁填塞。橄榄汁干后结实坚硬，起黏合作用，造船过程中不使用铁钉。经过对“黑石号”的复原研究，其制作技法及形制非常接近阿曼的传统造船技术。因此推测这是前往中国贸易的阿拉伯独桅三角帆商船，在满载货物返回阿拉伯的途中，不幸在勿里洞海域沉没。中国唐代文献亦有关于此类船只的记载，如释慧琳《一切经音义》载：“破舶，下音白，司马彪注，庄子云：海中大船曰舶。《广雅》：舶，海舟也。入水六十尺，驱使运载千余人，除货物，亦曰昆仑舶。运动此船，多骨论为水匠，用椰子皮为索连缚，葛览糖灌塞，令水不入。不用钉鍱，恐铁热火生，累木枋而作之，板薄恐破。长数里，前后三节，张帆使风，亦非人力能动也。”

据统计，黑石号沉船出水长沙窑瓷器中，碗的数量最多，约有56300件，约占出水长沙窑瓷器的98%。其中绝大多数是装饰四块褐斑的外销型彩绘碗，口径主要有约15厘米、约20厘米两种。通过对这些褐斑彩绘碗纹饰的不完全统计（表二），可知主要有6种主体纹饰，按数量多少依次为阿拉伯文（图五）、草叶纹（图六）、云纹（图七）、莲花纹（图八）、鸟纹（图九）、摩羯纹（图十）。草叶纹和云纹除作为主体纹饰外，还作为辅助纹饰大量出现。上述绘画题材很明显对应了伊斯兰教和佛教两大文化圈，也反映出长沙窑灵活的销售策略。根据西亚、非洲出土长沙窑瓷器的分类统计，这种“黑石号类型”彩绘碗的残片数量占到总数的85%以上，也印证了此类彩绘碗是长沙窑瓷器外销的主要产品[1]。

其次是壶，约700件，模印贴花壶最多（图3）。此外还有水盂、水注、罐、盘、杯、葫芦瓶、盒、灯、熏炉、唾壶、动物捏塑等器型，数量较少。据不完全统计，“黑石号”沉船出水长沙窑瓷器共有18种器类36种器型，但主要产品为褐斑彩绘碗和模印贴花壶，占总数量的99%。可以看出，这种外销组合是经过人为选择的，目的是更利于销售，并根据使用者的需求、审美和文化背景定制了装饰纹样。

表二　黑石号沉船褐斑彩绘碗纹饰一览表

序号	主体纹饰	占比
1	阿拉伯文	27%
2	草叶纹	25%
3	云纹	18%
4	莲花纹	13%
5	鸟纹	7%
6	摩羯纹	2%
7	其他	8%

[1] 赵冰：《长沙窑瓷器：9世纪印度洋—中国海域地区全球型海上贸易的典型商品》，《文物》2020年第11期，第37～48页。

图五　长沙窑青釉褐绿彩阿拉伯文碗
“黑石号”沉船出水

图六　长沙窑青釉褐绿彩草叶纹碗
“黑石号”沉船出水

图七　长沙窑青釉褐绿彩云纹碗
“黑石号”沉船出水

图八　长沙窑青釉褐绿彩莲花纹碗
“黑石号”沉船出水

图九　长沙窑青釉褐绿彩鸟纹碗
“黑石号”沉船出水

图十　长沙窑青釉褐绿彩摩羯纹碗
“黑石号”沉船出水

三、长沙窑的外销线路

长沙窑的外销线路有东线和西线，西线是主要的外销线路。东线前往日本和朝鲜半岛，出发港有登州、上海青龙镇、扬州、宁波等。西线前往东南亚、南亚、西亚、北非和东非，出发港有扬州、宁波、福州、广州等。考古发现证明，扬州是长沙窑瓷器外销的最大集散地。扬州地处大运河和长江交汇口，是水陆交通枢纽，在唐代不仅是国内最繁华的都市，时称“扬一益二”，也是国际贸易的重要港口。国内对外贸易的瓷器大多先运集至此，再经水路转运入海。扬州出土的长沙窑瓷器极为丰富，比较重要的出土地点有唐城遗址、扫垢山手工业作坊遗址、扬州师范学院、汶河路、三元路教育学院、工人文化宫等地。考古发掘的陶瓷标本统计表明，长沙窑瓷片在唐代中晚期地层中一般约占陶瓷片出土总数的25%—30%，排在各大窑口瓷片之首。特别是在唐城遗址东西两侧的部分区域，长沙窑瓷片占到陶瓷片出土总数的45%左右，个别灰坑甚至达70%—85%以上。另外，1995年在淮海路西侧的蓝天大厦工地，发掘出一批器形比较单一的长沙窑残片500余件，主要器形为碗、盏、盒、杯等，而其他窑口的瓷片几乎不见，推测该处为当时的长沙窑专卖店[1]。

广州是唐朝官府设立市舶使的港口，是所有外国船只必须停靠的港口。文献中有很多史料记载了唐代广州港的繁盛，如唐天宝九年（750年），鉴真和尚第五次东渡日本到达广州时，看到“江中有婆罗门、波斯、昆仑等舶，不知其数。并载香药、珍宝，积载如山。舶深六七丈。师子国、大石国、骨唐国、白蛮、赤蛮等往来居住，种类极多”[2]。再如《旧唐书》卷八十九《王方庆传》载：“广州地际南海，每岁有昆仑乘舶，以珍物与中国交市。”《旧唐书》卷一三一《李勉传》载：“（大历）四年，（李勉）除广州刺史，兼岭南节度观察使。……前后西域舶泛海至者，岁才四五。勉性廉洁，舶来都不检阅，故末年至者四十余。”

唐代从广州起航的南海航路，以《新唐书·地理志》中“广州通海夷道”的记载最为详细。它记录了商船从广州经南海到波斯湾巴士拉港，全程约14000公里，需时三个月的航线，是当时世界上最长的远洋航线。这条航线把中国和东南亚、南亚、阿拉伯地区通过海上陶瓷贸易连接在一起。这条路线记载如下：

“广州东南海行，二百里至屯门山（今香港新界屯门青山）。乃帆风西行，二日至九州石（今海南省文昌市东北七洲列岛）。又南二日至象石（今海南省万宁市东南大洲岛）。又西南三日行，至占不劳山（今越南中部东海岸外的占婆岛），山在环王国（当时统治越南中部的林邑）东二百里海中。又南二日行至陵山（约在今归仁以北附近的Sa-hoi岬）。又一日行，至门毒国（今越南中部归仁、芽庄之间）。又一日行，至古笪国（今越南芽庄）。又半日行，至奔陀浪洲（今越南东南海岸的藩朗）。又两日行，到军突弄山（今越南东南外海的昆仑岛）。又五日行至海硖（马六甲海峡），蕃人谓之质，南北百里，北岸则罗越国（今新加坡北岸的柔佛），南岸则佛逝国（苏门答腊岛的巨港）。佛逝国东水行四五日，至诃陵国（今印度尼西亚的爪哇岛），南中洲之最大者。又西出硖，三日至葛葛僧祇国（今印尼苏门答腊岛东北伯劳威斯群岛中），在佛逝西北隅之别岛，国人多钞暴，乘舶者畏惮之。其北岸则个罗国（今马来半岛西岸的吉打）。个罗西则哥谷罗国。又从葛葛僧只四五日行，至胜邓洲。又西五日行，至婆露国（今苏门答腊岛西岸之巴鲁斯）。又六日行，至婆国伽蓝洲（今尼科巴群岛）。又北四日行，至师子国（今斯里兰卡），其北海岸距南天竺大岸百里。又西四日行，经没来国（今印度南部的马拉巴尔沿岸），南天竺之最南境。又西北经十余小国，至婆罗门西境。又西北二日行，至拔狖国。又十日行，经天竺西

[1] 徐忠文、徐仁雨、周长源：《扬州出土唐代长沙窑瓷器研究》，文物出版社，2015年，第10～11页。
[2] ［日］真人元开著，汪向荣校注：《唐大和上东征传》，中华书局，1979年，第74页。

境小国五，至提狖国（今巴基斯坦卡拉奇），其国有弥兰太河，一曰新头河，自北渤昆国来，西流至提狖国北，入于海。又自提狖国西二十日行，经小国二十余，至提罗卢和国（今波斯湾阿巴丹），一曰罗和异国，国人于海中立华表，夜则置炬其上，使舶人夜行不迷。又西一日行，至乌剌国（今阿拉伯河河口的乌巴剌Oballa），乃大食国之弗利剌河（今阿拉伯河），南入于海。小舟溯流二日至末罗国（今巴士拉），大食重镇也。又西北陆行千里，至茂门王所都缚达城（今巴格达）。”[1]

公元9世纪的一些阿拉伯地理学书籍也记录了从波斯湾到广州的航线，可与贾耽的描述相互印证。《中国印度见闻录》（约成书于公元851年）有较详细记载：“货物从巴士拉、阿曼以及其他地方运到尸罗夫，大部分中国船在此装货……货物装运商船后，装上淡水，就‘抢路’—去往阿曼北部一个叫做马斯喀特的地方。……从马斯喀特到故临和海尔肯德海约需一个月，在故临我们加足淡水，然后开船驶往海尔肯德海。……从海尔肯德海到箇罗国航行一个月。然后商船向潮满岛前进……这段路程需要十天。接着我们起航去奔陀浪山……随后，船只航行了十天，到达一个叫占婆的地方，该地可取得淡水……得到淡水后，我们便向一个叫占不牢山的地方前进……当上帝保佑我们平安地到达占不牢山之后，船只就扬帆去中国：需要一个月时间。……船只通过中国之门后，便进入一个江口，在中国地方登岸取水，并在该地抛锚，此处即中国城市（广州）。”[2]

自幼在巴格达长大的波斯人伊本·库达伯（Ibn Khurdadhbeh），曾在阿拔斯王朝哈里发麦塔密德（Khalif Mutammid）时期任过吉巴尔（Jibal）邮长。他于844至848年撰写的《郡国道里志》一书，也记载了从巴士拉沿波斯海岸到中国的航程。

出身于阿拔斯哈里发家族的雅库比（Yakubi），曾到过印度、埃及和马格里布等地旅行。他于公元872年写了一部《阿拔斯人史》，该书载述了有关从阿拉伯航行到中国所通过的七个海：“中国是个幅员辽阔的国家。如果从海上去中国，需横渡七海……第一个海是法尔斯海（Fars），该海从斯拉夫（Siraf）起到戎朱马角（Ras al-djum-djuma）止……第二个海从戎朱马角起，称作啰啰海（Lara），海面宽阔，海上有瓦克瓦克人（Wakwak）的岛屿和其他僧祇民族……第三个海是哈尔干海（Harkand），海中有细轮叠岛……第四个海叫个罗海，海面狭小……第五个海是石叻海（Salahit），海面极大……第六个海是军突弄海（Kundrang），海上多雨。第七个叫涨海，这是中国海。只有在刮南风时，方可在海上航行，直抵达一条大江的喇叭形河口，从河口到广府城。”[3]

当时阿拉伯商人从波斯湾扬帆到广州，需时约6个月。从波斯湾出发的最佳时间是每年的9月或10月，因为可以利用东北季风航行。大约在11月或12月之间抵达印度马拉

[1]（宋）欧阳修、宋祁：《新唐书》，中华书局，1975年，第1153～1154页。

[2] 穆根来、汶江、黄倬汉译：《中国印度见闻录》，中华书局，1983年，第7～9页。

[3] ［法］G. 费琅辑注，耿昇、穆根来译：《阿拉伯波斯突厥人东方文献辑注》，中华书局，1989年。

巴尔海岸，然后商船被迫停靠等待，一直等到孟加拉湾的暴风季节过去。次年1月下旬抵达马来半岛的吉打之后，船需要再一次地等待季风，否则无法顺利地通过马六甲海峡。此后，便得利用夏季的西南季风一路北上，前往中国。每年的4月至5月，南中国海基本没有台风。待广州的贸易结束，阿拉伯商人西行回国，就要利用东北季风在10月至12月之间前往马六甲海峡，然后在1月份穿越孟加拉湾，在2月或3月抵达西拉夫港（Siraf，今属伊朗），最后在4月份随着西南季风抵达阿曼首都马斯喀特港。因此，在公元8至9世纪，阿拉伯商船从波斯湾到广州来回约需要18个月的时间[1]。

因此，我们可以推测出“黑石号”沉船的航线路线：“黑石号”从波斯湾顺利到达中国后，应是从扬州港首次装货出航，途径广州港再次装货，并在泰国、越南沿海地区贸易、补充淡水，所以“黑石号”沉船上的长沙窑瓷器并非满载，应是已经销售一部分，实际装载量大于发现的数量。“黑石号”的沉没位置位于印度尼西亚苏门答腊岛的巨港（Palembang）附近，该地是当时海上强国室利佛逝国的交通枢纽和重要转运点，往来船只都必须停靠此地，“黑石号”有可能就是准备在此暂时停靠时触礁沉没的。“黑石号”的最终目的地是当时阿拔斯王朝的西拉夫港，由此港口再转运往巴士拉（Basra）、巴格达（Baghdad）、萨迈拉（Samarra）等重要城市。

四、长沙窑的外销时间

长沙窑外销的时间，大的时间段是中晚唐时期，五代时期的沉船中已经没有了长沙窑瓷器的踪迹[2]。更精确的时间，我们可以参考文献和考古资料做进一步判断。

2013年9月，泰国湾附近出水了“帕侬苏琳”沉船，年代约为8世纪后期，这是目前已知东南亚海域年代最早的沉船，沉船上发现了中国广东生产的陶瓷器、泰国生产的陶器和波斯陶，没有发现长沙窑瓷器[3]。另有文献记载，中国陶瓷最早到达阿拉伯地区的时间可能是阿拔斯王朝哈伦·拉希德（公元786—809年在位）时期，文中写道：“大呼罗珊的统领，进献20件中国皇家陶瓷给哈伦·拉希德哈里发，类似物件以前从未现于哈里发的王宫，此外还有2000件其他陶瓷器。”[4]结合长沙窑遗址的考古发掘资料，我们可以推断长沙窑外销的起始时间应在8世纪末期至9世纪初期，发展到“黑石号”沉船时期（826年），长沙窑的外销已经达到繁荣高峰期。

2011年6月，在越南中部广义省平山县的平珠海岸发现了一艘唐代沉船，船身龙骨长21.5米，宽8米。船的木架以植物纤维扎成绳捆绑。沉船上发现大量的长沙瓷瓷器，

[1] 钱江：《古代波斯湾的航海活动与贸易港埠》，《海交史研究》2010年第2期，第12页。

[2] 详见五代时期印坦沉船和北宋初期井里汶沉船资料。

[3] 钱江：《泰国湾附近出水的波斯船》，《国家航海》2021年第2期，第133～160页。

[4] ［英］亚瑟·莱恩著，程庸、王安娜译：《早期阿拉伯陶瓷》，学林出版社，2014年，第16页。

以及少量的邢窑白瓷、越窑青瓷和广东窑口青瓷。长沙窑瓷器包括大量白釉褐绿彩和青釉褐彩瓷器，没有发现"黑石号"类型彩绘碗，沉船年代可初步判定为唐大中至咸通时期（847—874年）。

从长沙窑的纪年信息和窑址考古发现看，唐末黄巢起义对长沙窑的发展造成了严重的破坏，黄巢起义不仅破坏了长沙窑的生产区，还严重破坏了长沙窑的外销港口——广州港。唐乾符六年（879年）十月，黄巢起义军攻克广州。成书于9世纪的《中国印度见闻录》记载："据熟悉中国情形的人说，不计罹难的中国人在内，仅寄居城中经商的伊斯兰教徒、犹太教徒、基督教徒、拜火教徒，就总共有十二万人被他杀害了。"[1]黄巢起义军对广州城的洗劫使长沙窑失去了国外的贸易客户。随后黄巢起义军挥兵北上，自桂林编木筏，沿湘江而下，连克永州、衡州，一日而下潭州（长沙），唐军十万人血染湘江。大战在即，长沙窑生产区紧邻湘江，是黄巢起义军的必经之处，长沙窑的窑工必定四散奔逃，窑业停滞。黄巢起义之后，长沙窑的产量锐减，五代时期虽有恢复，但规模和工艺大不如前，外销断绝，窑业逐渐没落。

因此，我们大致可以推断出长沙窑的外销时间：起始时间为8世纪末期至9世纪初期，终止时间为黄巢起义（878年）之前。

五、长沙窑的外销模式

关于长沙窑的外销模式，一直存在直接贸易和转口贸易两种观点。直接贸易是指阿拉伯商船直接到中国订货，再返回西亚地区。转口贸易是长沙窑瓷器运至中间贸易港，一般认为是室利佛逝国的巨港，阿拉伯商船在此订货，然后返回西亚地区。目前从文献记载和考古资料看，直接贸易的模式是最符合实际情况的。多种古代阿拉伯文献清晰地记录了他们商船的目的地就是中国。"黑石号"沉船也不支持"转口贸易模式"的观点，沉船上大量特殊纹样的定制商品，显示了阿拉伯商人与长沙窑窑工存在某种交流，才能顺利完成批量生产，长沙窑的窑工还将这些外国商人画在瓷器上。从考古发现看，目前只有扬州出土的瓷器与"黑石号"沉船的出水瓷器相吻合，也证明了作为唐代各类外销瓷器最大集散地的扬州才是始发港，扬州的这一地位是由其便利的交通优势决定的。

长沙窑瓷器价格非常低廉，因此成为唐代海上贸易最受欢迎、利润最高的瓷器品种。长沙窑执壶、油瓶题记中有"伍文"的记载，说明这类执壶当时每件仅卖五文钱。我们可以换算一下当时五文钱的购买力，唐代元和至咸通时期是长沙窑烧造的繁荣期，根据史料记载，这段时期大米价格一直在每斗四十文至七十文之间浮动。如唐

---

[1] 穆根来、汶江、黄倬汉译：《中国印度见闻录》，中华书局，1983年，第96页。

元和十五年（820年），李翱在《疏改税法》中言：“今税额如故而粟帛日贱，钱益加重。绢一匹价不过八百，米一斗不过五十。”如按每斗米50文计算，唐代一斗10升，所以1升米五文，就相当于一件长沙窑执壶的价格，唐代1升米约等于现在1.25斤米。因此，一件长沙窑执壶在当时相当于1.25斤大米的价值。阿拉伯商人贩运长沙窑瓷器，可以轻松获得较高的利润。“黑石号”的沉没并没有打击这种海上贸易，通过稍晚的越南沉船可以看出这种贸易仍在持续进行，唐代海上丝绸之路沿线港口遗址发现的长沙窑瓷器，也证明了“黑石号”类型的彩绘碗被成功贩卖至亚洲、非洲的各个经商口岸，并流布至内陆地区。

“黑石号”沉船反映了9世纪唐朝与阿拔斯王朝这两个当时世界上最繁荣帝国之间的海上贸易。一方是熟练掌握远洋航海技术、鼓励向域外经商求知游历的阿拔斯王朝，一方是“安土重迁”、“重农抑商”、崇尚“万国来朝”的唐朝。因此前者是贸易主动方，波斯人和阿拉伯人是当时联通海上丝绸之路的主角。正如钱江先生所言：“波斯湾的各航海民族在航海文明方面均有着密切的传承关系，腓尼基人和埃及人是波斯人的师傅，波斯人转而又成为阿拉伯人的师傅。阿拉伯人之所以在中世纪能够很快地在印度洋崛起，将其航海贸易活动的势力范围延伸至东非、南亚、东南亚和中国，在很大程度上得益于他们从早期波斯人的航海文明传统中所汲取的经验和所继承的航海针路记载。这一点，恰恰是航海史学界同仁以往所忽略的地方。”[1]唐代中国是否掌握了远洋航行技术并在海上丝绸之路上经商有待考古资料证明。中国通过海路前往南亚求经的僧人如义净等，在怛罗斯之战被俘获至西亚后通过海路返回的杜环，都是搭乘阿拉伯商船。现存文献和考古发现均表明，8—10世纪往返航行于波斯湾与中国港口之间的主要是阿拉伯独桅帆船。

唐朝奉行厚往薄来的朝贡贸易，如《中国印度见闻录》载：“海员从海上来到他们的国土，中国人便把商品存入客栈，保管六个月，直到最后一船海商到达为止。他们提取十分之三的货物，把其余的十分之七交还商人。这是政府所需的物品，用最高的价格现钱购买，这一点是没有差错的。每一曼那的樟脑卖五十个法库，一法库合一千个铜钱。这种樟脑，如果不是政府去购买，而是自由买卖，便只有这个价格的一半。”[2]《全唐文》卷七十五《太和八年疾愈德音》载：“南海蕃舶，本以慕化而来，固在接以恩仁，使其感悦。如闻比年长吏，多务征求，嗟怨之声，达于殊俗。况朕方宝勤俭，岂爱遐琛，深虑远人未安，率税犹重，思有矜恤，以示绥怀。其岭南福建及扬州蕃客，宜委节度观察使常加存问，除舶脚收市进奉外，任其来往通流，自为交易，不得重加率税。”

[1] 钱江：《古代波斯湾的航海活动与贸易港埠》，《海交史研究》2010年第2期，第24页。

[2] 穆根来、汶江、黄倬汉译：《中国印度见闻录》，中华书局，1983年，第15页。

六、结语

长沙窑是在岳州窑的基础上吸纳北方制瓷技术发展而成的民间商业窑场。依托唐朝繁荣的交通和对外贸易，长沙窑畅销国内，远播海外，其装饰技法对国内外的陶瓷装饰产生了深远影响。“黑石号”沉船上大量的外销定制产品，显示了阿拉伯商人与长沙窑生产者的密切联系。长沙窑的外销起始时间为8世纪末期至9世纪初期，并在公元826年前后达到顶峰，终止时间为黄巢起义之时（879年）。

长沙窑以开放包容的精神，按照域外使用者的喜好定制特色产品，深受世界各国人民喜爱，在唐代众多窑场中独树一帜。长沙窑是友好的使者，不仅连接了当时最大的两个帝国之间的贸易往来，也带动了亚非大陆广大地区的交流，推动了海上丝绸之路的第一次外销高峰的形成。

后记

本书是中国（海南）南海博物馆与湖南博物院共同举办的“诗画彩瓷——唐代海上丝绸之路上的长沙窑瓷器展”的配套图录，收录了两馆长沙窑相关藏品170余件（套），反映了唐代长沙窑瓷器的整体风貌，强调其独特的装饰手法，并着重突出其外销特性。希望以一个全新的解读视角，为广大读者了解长沙窑提供参考。

该展览于2023年5月18日在中国（海南）南海博物馆正式对外开放。作为中国（海南）南海博物馆的“海上丝绸之路”主题系列展之一，展览入选2023年度“弘扬中华优秀传统文化、培育社会主义核心价值观”主题展览推介项目名单，并在“第四届海上丝绸之路文化遗产保护论坛”期间作为主题性的展览面向受邀嘉宾。

在展览的策划与本图录出版过程中，湖南博物院给予大力的支持。湖南博物院古器物研究展示中心方昭远主任协调展览各项工作，并为本图录撰写专题文章，增添了图录的学术性；湖南博物院的张艳华、郭三娟、赖晓兰三位老师为展览大纲及图录提供翔实准确的资料以及文物高清照片；湖南博物院的其他老师以及中国（海南）南海博物馆的同事密切协作，推进展览顺利完成；科学出版社的编辑老师们以高水平的专业素养对图录精心排版、认真校稿。值此图录出版之际，向所有为此展览及图录付出辛勤努力的老师们表示衷心的感谢！
编者能力有限，时间仓促，书中如有错误，恳请读者批评指正。

编者

2023年11月